Vegetarisch Kochen für Gourmets

Vegetarisch Kochen für Gourmets

Unentbehrlich
für alle, die gern kochen:
200 köstliche Rezepte
Schritt für Schritt erklärt

Herausgeberin:
Linda Fraser

Erste Auflage 1998 bei Lorenz Books
Originaltitel *Best ever Vegetarian*

ISBN 3-89815-083-6

Herausgeberin: Joanna Lorenz
Food-Redaktion: Linda Fraser
Projektbetreuung: Sarah Duffin
Art Direction Eurobooks: Mathias Becker
Covergestaltung: Mathias Becker
Gestaltung: Bill Mason
Illustration: Anna Koska
Übersetzung a.d. Englischen: Dörte Helberg

Gedruckt und gebunden in Deutschland

Für alle Rezepte werden übliche Maßeinheiten verwendet. Aus der angegebenen Portionszahl kann ermittelt werden, für wie viele Personen das Rezept geeignet ist.

Wenn nicht anders angegeben, mittelgroße Eier verwenden.

WDZ 1999

INHALT

Einführung

OB FÜR DIE GESUNDHEIT ODER AUS ÜBERZEUGUNG – immer mehr Menschen verzichten auf tierische Lebensmittel und bevorzugen stattdessen eine gemüsebetonte Kost. Dabei stellen sie meist sehr schnell fest: Es geht auch ohne Fleisch. Mit der überwältigenden Auswahl an frischem Gemüse und Früchten, Kräutern, Nüssen, Körnern oder Pasta war es nie einfacher als heute, die vielfältigsten und interessantesten Gerichte zu kreieren.

Die fleischlose Küche ist nicht nur für Vegetarier gedacht, sondern für alle, die Lust auf eine leichte, frische Küche haben. Und genau das bieten die innovativen Ideen des jungen neuen Vegetarismus. In diesem Buch finden Sie eine Reihe der besten Rezepte aus aller Welt. Jedes einzelne davon mit Geschmacks- und Genussgarantie.

Wir sind, was wir essen. Immer wieder hören wir, dass wir uns reich an komplexen Kohlenhydraten ernähren sollen. Nichts leichter als das mit einer vegetarischen Kost: Getreideprodukte, Früchte und Gemüse liefern die wertvollen Kohlenhydrate. Wer sich dazu auf fettarme Milchprodukte (Magermilch, fettarme Käsesorten) umstellt und ungesättigte Pflanzenöle (am besten Oliven-, Sonnenblumen-, Maiskeim- oder Erdnussöl) verwendet, trägt schon viel zu einer gesünderen Ernährung bei.

Probieren Sie jetzt die köstlichen Rezepte vom leichten Snack bis zum Menü für Gäste und Sie werden selbst feststellen: Vegetarisch essen ist nicht nur gesünder, sondern es kann auch eine aufregende kulinarische Entdeckungsreise sein. Guten Appetit!

Frisches Gemüse

Das Angebot an frischem Gemüse ist heute riesig. So ist auch für Vegetarier die Auswahl größer denn je...

Spargel
Das Aroma der zarten Stangen ist besonders edel. Köstlich: Spargel mit zerlassener Butter.

Auberginen
Verschiedene Formen und Farben erhältlich. Gegart haben sie ein leichtes Räucheraroma.

Bohnen
Am besten schmecken Busch-, Prinzeß- oder Dicke Bohnen, wenn sie in wenig Salzwasser nur *al dente* gedünstet werden.

Brokkoli
Schnell und einfach vorzubereiten, kann Brokkoli roh mit Dips oder gedünstet gegessen werden.

Kohlgemüse
Die Zahl der Kohlsorten ist groß. Vorsicht: Dieses Gemüse wird leicht zu weich beim Kochen.

Möhren
Mit ihrem milden, leicht süßlichen Aroma schmecken Möhren roh und gekocht.

Blumenkohl
Angenehm frischer Geschmack.

Knollensellerie
Die Knolle schmeckt würzig mit einem Hauch von Süße.

Bleichsellerie
Das einzigartige Aroma verleiht Suppen den besonderen Pep.

Chilischoten
Gehören zur Capsicum-Familie. Können ganz schön feurig sein.

Zucchini
Saftig, zartes Fleisch und ein tolles nussiges Aroma.

Gurke
Knackig und so erfrischend.

Fenchel
Knackige Knolle mit feinem Anis-Aroma.

Knoblauch
Die festen, kleinen Zehen überzeugen durch Aroma.

Lauch (Porree)
Vielseitiges Gemüse mit leichtem, unaufdringlichen Zwiebelaroma.

Kopfsalat
In vielen Variationen erhältlich. Passt in fast jeden Salat.

Pilze
Ob Zuchtpilz oder wild – Pilze sind eine große geschmackliche Stütze der vegetarischen Küche.

Zwiebeln
Viele Sorten erhältlich. Sie schmecken sautiert, gebraten oder roh über Salate gestreut.

Pastinake
Mildes Wurzelgemüse mit erdigem Geschmack.

Erbsen
Süße, junge Erbsen sind ein kulinarisches Highlight. Greifen Sie zu, wenn Sie sie bekommen!

Paprika
Die grünen schmecken frisch, fast „grasig“. Gelbe, rote und orangefarbene sind süßlicher.

Kartoffeln
Die kohlenhydratreichen Knollen können Sie braten, frittieren, kochen, backen oder pürieren.

Kürbis
Das faserige Fruchtfleisch schmeckt besonders mild.

Schalotten
Edelknollen, besonders zum Verfeinern von Soßen geeignet.

Spinat
Der vitaminreiche Spinat schmeckt roh als Salat oder gedünstet.

Topinambur
Knollengemüse mit edel mildem Geschmack. Toll für Suppen.

Mais
Einfach unübertrefflich: Mais mit Salz und Butter würzen, direkt vom Kolben knabbern!

Tomaten
Basis-Zutat für viele vegetarische Gerichte. In vielen Größen und Formen erhältlich.

Steckrübe
Süßlich mit nussigem Aroma, verfeinert diese Knolle Eintöpfe.

Milchprodukte

Die Auswahl an heimischen und importierten Milchprodukten ist groß. Und von den meisten gibt es fettarme Versionen.

Butter/Margarine
Streichfette für Brot, zum Backen oder Dünsten. Butter enthält überwiegend tierische Fette, Margarine dagegen pflanzliche.

Buttermilch
Magermilch mit Milchsäurebakterien, die für das besondere Aroma sorgen.

Schnitt- und Hartkäse
Wichtige Geschmacksgeber der vegetarischen Küche. Ohne Parmesan z.B. wären einige der köstlichsten Gerichte undenkbar.

Frischkäse
Hüttenkäse, Mascarpone und Ricotta – die nur ganz kurz gereiften Käsesorten sind der Clou vieler Rezepte. Weitere köstliche Vertreter: Mozzarella und der kräftige Feta.

Blauschimmelkäse
Würziger Gorgonzola, Roquefort oder Stilton sind beliebt für Soßen, Suppen oder Quiches.

Sahne
Gibt es mittlerweile in einer Vielzahl von Varianten wie Schlagsahne, saure Sahne, Crème fraîche oder Crème double.

Eier
Sie sind wichtige Zutat für würzige Speisen wie für Desserts.

Frischkäse
Cremiger weicher Käse mit frisch-säuerlichem Geschmack.

Milch
Sie haben die Wahl: Vollmilch, fettarme, Mager-, Kondensmilch, ultraerhitzt oder homogenisiert.

Quark
Dieser ganz junge Käse ist ideal für Dips und Desserts. Ebenso Schichtkäse.

Joghurt
Auch beim Joghurt gibt's große Auswahl: Magermilch-, Bio- oder griechischer Joghurt mit kräftiger Säure.

Linsen und Hülsenfrüchte

Hülsenfrüchte sind gute pflanzliche Eiweißquellen. Wenn Sie mögen, Verwenden Sie das Einweichwasser mit. Es hat beim Quellen Vitamine und Mineralien aufgenommen. Hülsenfrüchte erst zum Schluß salzen, sonst bleiben sie hart.

BOHNEN UND ERBSEN

Augenbohnen
Die auffällige Bohne mit dem dunklen Ring am Ansatz heißt auch China-Bohne.

Dicke Bohnen
Durch ihre weiche Konsistenz sind diese Bohnenkerne ideal für Suppen und Eintöpfe.

Kichererbsen
Entwickeln beim Kochen einen kräftig nussigen Geschmack. Sie ergeben püriert köstliche Dips.

Weiße Bohnen
Die ovalen Hülsenfrüchte sanft garen, dann nehmen sie das Aroma von Kräutern und Gewürzen am besten an.

Kidneybohnen
Dunkle, rotbraune Bohnen mit kräftigem Geschmack.

Grüne und gelbe Erbsen
Diese aromatischen nahrhaften Erbsen sind ideal für dicke, herzhafte Eintöpfe. Sie sind Bestandteil der indischen Küche.

LINSEN

Braune und grüne Linsen
Diese kleinen, delikaten Hülsenfrüchte behalten beim Kochen ihre Form. Die grünen schmecken etwas kräftiger.

Rote Schällinsen
Die Linsen mit der kürzesten Garzeit. Wegen ihrer hübschen Farbe verwendet man sie gern für allerlei vegetarische Rezepte.

TOFU

Quarkähnliche Masse aus Sojabohnen, die zu festen oder weichen Blöcken gepreßt wird. Als Ersatz für Milchprodukte schmeckt Tofu süß oder pikant.

Gewürze

Gewürze eröffnen für ein Gericht ganz neue Dimensionen.

Kardamom
Die Schoten werden oft im Ganzen für Reisgerichte verwendet.

Chilipulver
Zermahlene getrocknete Chilischoten ergeben ein ganz schön feuriges Pulver.

Zimt
Gemahlen oder als Stange erhältlich. Letztere wird nur ausgekocht, nicht mitgegessen.

Nelken
Zutat von Gewürzmischungen für süße und deftige Gerichte.

Koriandersamen
Getrocknete und geröstete Samen der Korianderpflanze.

Kümmel
Gemahlen oder im Ganzen erhältlich. Kümmelsamen sind kräftig braun und aromatisch.

Fenchelsamen
Kleine, hellgrüne Samen. Ähneln in Aussehen und Geschmack den Anissamen.

Ingwer
Frischer und gemahlener Ingwer zeichnen sich durch ihr scharf-ätherisches Aroma aus. Frische Ingwerstücke vor dem Kochen schälen und entholzen.

Senfsamen
Das nussig-scharfe Aroma passt gut zu Gemüsegerichten.

Muskatnuss
Frischgeriebene Muskatnuss duftet süß und scharf zugleich.

Pfefferkörner
Eines unserer wichtigsten Gewürze. Unterstreicht andere Aromen und hebt sie hervor.

Safran
Teures Gewürz, das wegen Farbe und Aroma geschätzt wird.

Kurkuma
Das leuchtendgelbe Pulver wird vor allem wegen seiner färbenden Eigenschaft eingesetzt.

Kräuter

Kräuter liefern gesunde und raffinierte Würze für vegetarische Speisen. Tipp: Bestellen Sie ausgefallenere beim Händler vor.

Basilikum
Das südländische Kraut hat eine anregende zimtähnliche Schärfe. Am bekanntesten ist es in Kombination mit Tomaten.

Lorbeerblätter
Eines der ältesten Gewürzkräuter. Frischer, junger Lorbeer hat sogar einen Hauch von Süße.

Schnittlauch
Ein Kraut mit mildem, zurückhaltenden Zwiebelaroma. Bei uns überall erhältlich.

Koriander
Intensives, würziges Kraut mit ganz eigenem Aroma. Die Blätter eignen sich gut zum Garnieren.

Dill
Anregendes, leicht süßliches Kraut mit anisartigen Anklängen.

Majoran
Dem Oregano sehr ähnlich, aber zarter im Geschmack.

Pfefferminze
Vielseitiges Kraut mit extrem ätherischem Duft. Passt zu Süßem wie zu Würzigem.

Oregano
Hocharomatisches Kraut, das in der italienischen Küche eine wichtige Rolle spielt.

Petersilie
Kraus oder glatt erhältlich, von leicht bitterem Aroma.

Rosmarin
Verwenden Sie die nadelartigen Blätter sparsam, sie würzen sehr intensiv.

Salbei
Seine ätherischen Öle verleihen Speisen ein ausgeprägtes Aroma.

Zitronenmelisse
Das pfeffrig-frische Aroma passt zu Desserts wie zu Salaten.

Estragon
Aromatisiert zum Beispiel Essig.

Thymian
Kräftiges südländisches Kraut mit warmem, erdigen Aroma.

Aus dem Vorrat

Sorgen Sie dafür, dass Sie immer Pasta, Mehl und Getreide im Vorrat haben. So können Sie jederzeit ohne Aufwand ein Essen zaubern.

Gerste
Das Getreidekorn hat ein unverkennbares Aroma und besitzt kräftigen Biss. Schmeckt als Suppeneinlage oder Beilage.

Buchweizen
Gehört eigentlich nicht zu den Getreiden, sondern den Gräsern. Besitzt eine nussige Konsistenz.

Bulgur
Weizenschrot oder „-grütze". Stammt aus der arabischen Küche. Schmeckt köstlich als Salat verarbeitet. Tipp: Bulgur bekommen Sie beim türkischen Gemüsehändler.

Couscous
Gemahlene, zu Kügelchen gerollte Getreidekörner. Wird in Nordafrika auch süß mit Milch, Datteln und Rosinen bereitet.

Trockenfrüchte
Reich an Ballaststoffen, Mineralstoffen und Vitaminen sind Trockenfrüchte leckere Zutat für viele Speisen, zum Beispiel Müsli oder Kuchen. Weil ihr Gehalt an Fruchtzucker hoch ist, sind sie auch ein gutes Süßungsmittel.

Mehl
Setzen Sie neben herkömmlichem Weißmehl doch auch mal Alternativen ein. Vollkorn-, Roggen-, Buchweizen-, Soja-, oder Reismehl verleihen Ihrem Gebäck ein interessanteres, kräftigeres Aroma. Maismehl eignet sich zum Beispiel gut zum Binden von Soßen.

Hirse
Das eiweißreiche Getreide ist in ganz Südostasien sehr verbreitet. Verwenden und garen Sie es wie Reis.

Nüsse und Samen
Nüsse und Samen wie Mandeln, Cashewkerne, Paranüsse, Leinsamen, Sonnenblumen- oder Kürbiskerne sind eine gute Eiweißquelle. Zudem liefern sie Kalzium und wertvolle Omega-3-Fettsäuren. Spartip: Kaufen Sie gleich größere Mengen und lagern sie im Kühlschrank.

Hafer
Das Getreide ist in Flockenform (kernig oder „blütenzart") am bekanntesten. Es zählt zu den besten Quellen für komplexe Kohlenhydrate und Vitalstoffe.

Pasta
Frische Pasta – zum Beispiel im italienischen Feinkostladen erhältlich – schmeckt besser und läßt sich im Handumdrehen zubereiten. Getrocknete Nudeln sind ideal für den Vorrat. Probieren Sie mal italienische Pasta oder arabische Teigwaren.

Quinoa
Das aus Südamerika stammende Korn ist eine gute Proteinquelle. Im Reformhaus erhältlich.

Reis
Reis wird in sehr vielen Sorten angeboten. Basmati gilt als einer der edelsten. Neuerdings gibt es ihn auch in einer Mischung mit Wildreis (der kein echter Reis, sondern ein Wassergras ist).

Süßmittel
Verwenden Sie Süßmittel immer möglichst sparsam. Gute Alternativen zum weißen Zucker sind Rohrzucker oder flüssige Süßmittel wie Ahornsirup, Agavensaft, Birnendicksaft oder Zuckerrübensirup.

Weizen-, Gersten-, Roggenflocken
Getreideflocken eignen sich zum Binden von Eintöpfen oder Suppen. Sie schmecken in Müslis oder über Fruchtsalat gestreut.

Aus Flasche oder Dose

Rüsten Sie Ihre Vorratskammer mit diesen raffinierten Zutaten für schnelle, improvisierte Köstlichkeiten. In diesen Dosen und Flaschen steckt pures Aroma.

Hülsenfrüchte aus der Dose
Kichererbsen, Kidneybohnen, weiße und Dicke Bohnen überstehen den Konservierungsprozess wunderbar. Nur kurz abspülen und abtropfen lassen.

Dosengemüse
Natürlich ist Frischgemüse die erste Wahl. Manchmal ist Dosengemüse aber einfach praktisch. Artischockenherzen zum Beispiel passen mit ihrem milden Geschmack zu Gemüsepfannen, Salat, Risotto oder Pizza. Auch rote Paprika sind in der Dose erhältlich. Und um die aromatischen Dosentomaten kommen Sie sowieso nicht herum. Auch Esskastanien oder Mais aus der Dose sind gut einsetzbar.

Senf
Senf ist ideal für Soßen oder Salatdressings. Bei uns ist süßer, scharfer, gekörnter oder ungekörnter erhältlich.

Pflanzenöle
Erdnuss- oder Sonnenblumenöl ist neutral, überdeckt die Aromen der Speisen nicht. Auch zum Frittieren sind beide Sorten ideal. Peppen Sie Ihre Gemüsepfannen und Wokgerichte mit Chiliöl auf oder verleihen Sie ihnen ein interessant nussiges Aroma mit Sesamöl. Nehmen Sie zum Dünsten oder Braten ein gutes Olivenöl, für Salate die Topqualität „Extra Vergine“.

Oliven
Die grünen oder schwarzen Früchte werden verschieden eingelegt. Toll für Pasta-Soßen.

Ajwar
Dicke, eingekochte Soße aus Paprika und Auberginen. Schmeckt auch auf Brot.

Pesto
Klassische italienische Soße aus Olivenöl, Basilikum, Knoblauch, Pinienkernen und Parmesan. Genial zu Nudeln, aber auch zu gegrilltem Gemüse.

Sojasoße/Shoyu
Die aus Sojabohnen hergestellte Würztunke ist dunkelbraun, dünnflüssig und sehr salzig. Shoyu (natürlich gebraute Sojasoße) wird deutlich länger fermentiert und enthält weniger Zusatzstoffe.

Brühe und Fond
Instant-Brühe als Pulver oder Suppenwürfel ist preiswert und ideal für Suppen oder Eintöpfe. Den teureren Gemüsefond sollten Sie für besondere Anlässe reservieren.

Getrocknete Tomaten
Sie sind in Öl eingelegt oder ohne erhältlich. Reife, sonnenverwöhnte Tomaten werden getrocknet und bewahren Süße und Säure der Frucht.

Sesammus
Hergestellt aus gemahlenen Sesamsamen ist diese Paste typisch für die arabische Küche.

Tomatenmark
Konzentrierte Tomatenpaste, in Tuben oder kleinen Dosen erhältlich. Zum Würzen und Andicken von Soßen.

Essig
Schaffen Sie sich ruhig verschiedene Essigsorten an. So können Sie raffiniert variieren und Salate individuell würzen. Zum Beispiel mit Wein- oder Sherryessig. Der berühmte Balsamico passt zu Tomaten und

MAILLE.

SUPPEN

Suppe von Waldpilzen

Wildpilze sind ziemlich teuer. Aber getrocknete Steinpilze haben ein sehr intensives Aroma, und man braucht nur sehr wenig davon.

ZUTATEN

Für 4 Portionen

25 g Porcini (getrocknete Steinpilze)
2 EL Olivenöl
1 EL Butter
2 Stangen Lauch, in feine Streifen geschnitten
2 Schalotten, grob gehackt
1 Knoblauchzehe, grob gehackt
225 g frische Waldpilze
ca. 1,2 Liter Gemüsebrühe
1 TL getrockneter Thymian
150 ml Sahne
Salz, schwarzer Pfeffer aus der Mühle
einige Stiele frischer Thymian zum Garnieren

1 Getrocknete Pilze in eine Schüssel geben, mit 1/4 l warmem Wasser übergießen und 20–30 Minuten quellen lassen. Über der Schüssel ausdrücken, dabei soviel Flüssigkeit wie möglich herauspressen. Den Pilzsud durchsieben und beiseite stellen. Pilze fein hacken.

2 Öl und Butter in einer großen Pfanne erhitzen, bis die Butter schaumig ist. Dann Lauchstreifen, gehackte Schalotten und Knoblauch zufügen und ca. 5 Minuten unter Rühren bei mittlerer Hitze glasig dünsten.

3 Frische Pilze putzen, hacken oder in Streifen schneiden und zugeben. Bei mittlerer Hitze unter Rühren andünsten. Mit der Brühe ablöschen und einmal aufkochen. Steinpilze, Pilzsud, getrockneten Thymian, Salz und frischen Pfeffer zugeben. Bei schwacher Hitze und zur Hälfte abgedeckter Pfanne ca. 30 Minuten köcheln lassen. Dabei ab und zu umrühren.

4 Etwa 3/4 der Suppe im Blender oder in der Küchenmaschine fein pürieren. Pürierte Suppe wieder in die Pfanne geben, Sahne zugeben und nochmals kurz aufkochen. Wenn die Suppe zu dickflüssig ist, so viel Brühe wie nötig zugeben. Mit Salz und Pfeffer abschmecken. Sofort servieren. Mit frischem Thymian garnieren.

PROFI-TIPP

Porcini sind Steinpilze. Italienische Köche würden für diese Suppe frische und getrocknete Steinpilze verwenden. Wenn frische schwer zu bekommen sind, nehmen Sie stattdessen z.B. Pfifferlinge.

Tomatensuppe mit frischem Basilikum

Ein pikantes Süppchen für den Spätsommer, wenn frische Tomaten am aromatischsten sind.

ZUTATEN

Für 4–6 Portionen

1 EL Olivenöl
2 EL Butter
1 mittelgroße Zwiebel, fein gehackt
900 g reife italienische Flaschentomaten, grob zerkleinert
1 Knoblauchzehe, grob gehackt
ca. 750 ml Gemüsebrühe
120 ml trockener Weißwein
2 EL Tomatenmark
2 EL gehacktes frisches Basilikum
150 ml Sahne
Salz, schwarzer Pfeffer aus der Mühle
einige ganze Basilikumblätter zum Garnieren

1 Öl und Butter in einem weiten Topf oder einer großen Pfanne erhitzen, bis die Butter schaumig ist. Gehackte Zwiebel zugeben und unter Rühren glasig dünsten.

2 Zerkleinerte Tomaten und Knoblauch zugeben. Mit der Brühe und dem Wein ablöschen. Tomatenmark einrühren und mit Salz und Pfeffer abschmecken. Einmal kurz aufkochen, dann bei schwacher Hitze und zur Hälfte abgedecktem Topf 20 Minuten köcheln lassen. Dabei ab und zu umrühren, damit die Tomaten nicht am Topfboden anbrennen.

3 Suppe und Basilikum im Blender oder der Küchenmaschine fein pürieren. Durch ein Sieb in einen sauberen Topf streichen.

4 Sahne zugießen und unter Rühren kurz erhitzen (nicht mehr kochen!). Wenn die Suppe zu dick ist, so viel Brühe wie nötig zugeben. Mit Salz und Pfeffer abschmecken. In angewärmte Suppenteller füllen, mit Basilikum garnieren. Sofort servieren.

Zucchini-Creme-Suppe

Das Besondere an dieser Suppe ist die unglaublich cremige Konsistenz und der milde Geschmack. Wer's gern kräftiger mag, verwendet Gorgonzola statt Butterkäse.

ZUTATEN

Für 4–6 Portionen

- 2 EL Olivenöl
- 1 EL Butter
- 1 mittlere Zwiebel, grob gehackt
- 900 g Zucchini, in Scheiben geschnitten
- 1 TL getrockneter Oregano
- ca. 600 ml Gemüsebrühe
- 115 g Butterkäse, entrindet, gewürfelt
- 300 ml saure Sahne
- Salz, schwarzer Pfeffer aus der Mühle
- frischer Oregano, etwas Butterkäse und saure Sahne zum Garnieren

1 Öl und Butter in einem weiten Topf erhitzen, bis die Butter schaumig ist. Gehackte Zwiebel zugeben und unter Rühren ca. 5 Minuten glasig dünsten.

2 Zucchini zugeben. Salzen und pfeffern, mit Oregano würzen. Bei mittlerer Hitze unter häufigem Umrühren ca. 10 Minuten kochen. Brühe zugießen und unter Rühren zum Kochen bringen.

3 Dann bei schwacher Hitze und zur Hälfte abgedecktem Topf weitere 30 Minuten köcheln. Dabei ab und zu umrühren. Gewürfelten Käse zugeben und unter Rühren schmelzen lassen.

4 Suppe im Blender oder der Küchenmaschine fein pürieren. Dann durch ein Sieb in einen sauberen Topf streichen.

5 Von der Sahne 2/3 zugießen und unter Rühren erwärmen (nicht mehr kochen!). Suppe wenn nötig mit Brühe verdünnen. Mit Salz und Pfeffer abschmecken. In angewärmte Tassen füllen. Restliche Sahne unterziehen. Mit Oregano, Käsewürfeln und etwas frisch gemahlenem Pfeffer garnieren.

PROFI-TIPP

Schneller geht's, wenn Sie von den gewaschenen Zucchini die Enden abschneiden und sie auf der Küchenreibe in feine Scheiben hobeln.

Kichererbsen-Creme mit Spinat

Diese pikante Suppe ist dick und cremig. Ein köstlicher, kräftiger Eintopf, der auch satt macht!

ZUTATEN

Für 4 Portionen

2 EL Olivenöl
4 durchgepresste Knoblauchzehen
1 Zwiebel, grob gehackt
2 TL gemahlener Kümmel
2 TL gemahlener Koriander
1,2 Liter Gemüsebrühe
350 g Kartoffeln, geschält und fein gewürfelt
425 g Kichererbsen (Dose), abgetropft
1 EL Maismehl
150 ml Crème fraîche
2 EL Tahine (Sesammus)
200 g gehackter Blattspinat
Cayennepfeffer
Salz, schwarzer Pfeffer aus der Mühle

1 Öl in einem weiten Topf erhitzen. Knoblauch und Zwiebel darin ca. 5 Minuten goldgelb anschwitzen.

2 Kümmel und Koriander unterrühren und für eine weitere Minute anschwitzen.

3 Mit der Brühe ablöschen, Kartoffelwürfel zugeben. Zum Kochen bringen und ca. 10 Minuten köcheln. Kichererbsen zugeben und weiterköcheln, bis Kartoffeln und Kichererbsen weich sind (ca. 5 Minuten).

4 Maismehl, Crème fraîche und Sesammus verquirlen, in die Suppe rühren. Spinat unterheben und einmal kurz aufkochen lassen. Mit Cayennepfeffer, Salz und schwarzem Pfeffer abschmecken. Sofort servieren. Mit einem Hauch von Cayennepfeffer anrichten.

Klassische Französische Zwiebelsuppe

Wenn die Zwiebelsuppe sorgfältig zubereitet wird, karamelisieren die Zwiebeln mahagonifarben. So erhält dieses köstliche Gericht für kalte Tage sein superbes Aroma.

ZUTATEN

Für 4 Portionen

4 große Zwiebeln
2 EL Sonnenblumen- oder Olivenöl oder je1 EL von beidem
2 EL Butter
900 ml Gemüsebrühe
4 Scheiben französisches Weißbrot
40–50 g Gruyère- oder Cheddarkäse, gerieben
Salz, schwarzer Pfeffer aus der Mühle

1 Zwiebeln schälen, vierteln, in 5 mm breite Spalten schneiden. Öl und Butter in einem tiefen Topf erhitzen (am besten mit nicht zu großem Durchmesser, so dass die Zwiebeln eine dicke Schicht am Topfboden bilden).

2 Zwiebeln unter Rühren kurz und kräftig anbraten.

3 Hitze reduzieren und 45–60 Minuten sanft köcheln lassen. Zunächst genügt gelegentliches Umrühren. Sobald die Zwiebeln bräunen, muss häufiger umgerührt werden. Die Zwiebelfarbe ist am Anfang golden, wird dann jedoch recht schnell braun. Dann muss ständig gerührt werden, damit die Zwiebeln nicht am Topfboden anbrennen.

4 Wenn die Zwiebeln einen satten Mahagoniton haben, mit der Brühe ablöschen. Zugedeckt 30 Minuten köcheln lassen. Dann mit Salz und Pfeffer abschmecken.

5 Grill vorheizen, das Weißbrot darin rösten. Suppe auf vier feuerfeste Schalen verteilen. Auf jede eine Brotscheibe setzen. Mit Käse bestreuen und für einige Minuten unter dem Grill knusprig goldbraun überbacken. Vor dem Servieren nochmals frischen Pfeffer darübermahlen.

Weiße-Bohnen-Eintopf

Ein dickes Püree aus gekochten getrockneten Bohnen ist die Basis dieses ländlichen Eintopfs aus der Toskana. Wärmt und sättigt.

ZUTATEN

Für 6 Portionen

350 g getrocknete weiße Bohnen (z.B. italienische „Canellini")
1 Lorbeerblatt
5 EL Olivenöl
1 mittelgroße Zwiebel, fein gehackt
1 Möhre, fein gehackt
1 Stange Sellerie, fein gehackt
3 mittelgroße Tomaten, gehäutet und fein gewürfelt
2 Knoblauchzehen, fein gehackt
1 EL frische Thymianblättchen oder 1 TL getrockneter Thymian
750 ml kochendes Wasser
Salz, schwarzer Pfeffer aus der Mühle
etwas Olivenöl zum Servieren

1 Bohnen sorgfältig verlesen, Steine entfernen. Gründlich unter fließendem Wasser abspülen. Mit Wasser bedeckt über Nacht einweichen. Abtropfen lassen und in einem großen Topf 20 Minuten kochen. Abgießen und in den Topf zurückgeben. Mit kaltem Wasser bedecken und nochmals zum Kochen bringen. Lorbeerblatt zugeben und die Bohnen garkochen (1–2 Stunden). Nochmals abgießen, Lorbeerblatt entfernen.

2 Einen Teil der Suppe in der Küchenmaschine oder mit dem Pürierstab zu einer sämigen Masse verarbeiten. Nach Bedarf etwas Wasser zugeben.

3 Öl in einem weiten Topf erhitzen. Zwiebeln darin andünsten. Möhren- und Selleriewürfel zugeben und ca. 5 Minuten dünsten.

4 Tomaten, Knoblauch und Thymian zugeben. Unter häufigem Rühren 6–8 Minuten weiterdünsten.

5 Mit dem kochenden Wasser ablöschen. Bohnen und Püree einrühren. Mit Salz und Pfeffer abschmecken. Nochmals 10–15 Minuten köcheln. In Suppentellern mit etwas Olivenöl anrichten.

PROFI-TIPP

Schneller geht's, wenn Sie statt getrockneter Bohnen solche aus der Dose verwenden. Bohnen einfach abtropfen lassen und das Rezept bei Schritt 2 beginnen.

Creme von grünem Spargel

Hausgemachte schmeckt Spargelcreme wunderbar – kein Vergleich zu Dosensuppen! Am besten verwenden Sie jungen Spargel von Top-Qualität. Servieren Sie dazu hauchdünn geschnittenes Brot.

ZUTATEN

Für 4 Portionen

450 g grüner Spargel
3 EL Butter
6 Schalotten, in Spalten geschnitten
1 EL Vollkornmehl
600 ml Gemüsebrühe oder Wasser
1 EL Zitronensaft
1/4 l Milch
120 ml Sahne
2 EL Kerbelblättchen zum Garnieren
Salz, schwarzer Pfeffer aus der Mühle

1 Von der Hälfte der Spargelstangen Spitzen zum Garnieren abschneiden und beiseite legen. Rest in Scheiben schneiden.

2 In einem weiten Topf 2 EL Butter schmelzen und die Schalottenspalten darin 2–3 Minuten dünsten.

3 Spargel zugeben und für 1 Minute mit andünsten.

4 Mehl zugeben und sämig verrühren. Brühe oder Wasser und Zitronensaft zugießen. Mit Salz und Pfeffer würzen. Aufkochen und zugedeckt 15–20 Minuten köcheln lassen, bis der Spargel sehr weich ist.

5 Suppe etwas abkühlen lassen und in der Küchenmaschine oder im Blender cremig pürieren. Durch ein Sieb in einen sauberen Topf streichen. Die Milch durch das Spargelsieb dazugießen, dabei soviel Spargelpüree wie möglich durchstreichen. Abschmecken.

6 Restliche Butter in einer kleinen Pfanne erhitzen, Spargelspitzen darin 3–4 Minuten andünsten.

7 Suppe nochmals erhitzen. Die Sahne einrühren und die Spargelspitzen zugeben. Nochmals durcherhitzen. Vor dem Servieren mit Kerbelblättchen bestreuen.

Tomatensuppe mit Linsen und Zwiebeln

Zu dieser vollwertigen Suppe passen dicke Scheiben Vollkorn- oder Körnerbrot.

ZUTATEN

Für 4–6 Portionen

2 EL Sonnenblumenöl
1 große Zwiebel, gehackt
2 Stangen Sellerie, gehackt
175 g rote Linsen
2 große Tomaten, gehäutet und grob zerkleinert
900 ml Gemüsebrühe
2 TL getrocknete Kräuter der Provence
Salz, schwarzer Pfeffer aus der Mühle
gehackte Petersilie zum Garnieren

1 Öl in einem weiten Topf erhitzen. Zwiebel und Sellerie zugeben und unter Rühren 4–5 Minuten andünsten. Linsen zugeben und kurz weiterdünsten.

2 Tomaten, Brühe, Kräuter der Provence, Salz und Pfeffer zugeben. Zugedeckt 20 Minuten köcheln lassen. Dabei ab und zu umrühren

3 Wenn die Linsen weichgekocht sind, Suppe vom Herd nehmen und etwas abkühlen lassen.

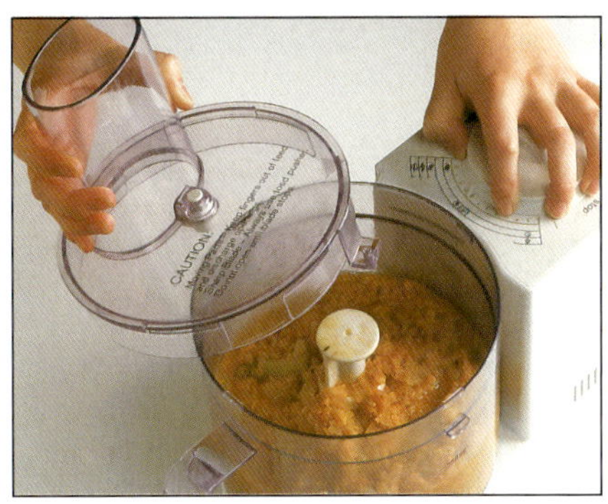

4 Im Blender oder der Küchenmaschine pürieren. Mit Salz und Pfeffer abschmecken. Wieder in den Topf geben und nochmals erhitzen. In Suppentassen servieren, mit reichlich frischer Petersilie garnieren.

Minestrone mit Pesto

Minestrone ist eine dickflüssige Gemüsesuppe, für die Sie jeden Mix von Saisongemüse verwenden können. Mit Nudeln oder Reis wird sie noch gehaltvoller. Der Clou bei dieser: Sie wird mit Pesto serviert.

ZUTATEN

Für 6 Portionen

3 EL Olivenöl
1 große Zwiebel, fein gehackt
1 Stange Lauch, in Scheiben geschnitten
2 Möhren, fein gewürfelt
1 Selleriestange, in Scheiben geschnitten
2 Knoblauchzehen, fein gehackt
2 Kartoffeln, geschält, fein gewürfelt
1,5 Liter heiße Gemüsebrühe oder Wasser oder eine Kombination von beidem
1 Lorbeerblatt
1 Zweig frischer Thymian oder 1/2 TL getrockneten
115 g Erbsen, frisch oder tiefgefroren
2–3 Zucchini, fein gewürfelt
3 mittelgroße Tomaten, gehäutet und fein gewürfelt
425 g gekochte weiße Bohnen (z.B. „Cannelini") oder Bohnen aus der Dose
3 EL Pestosoße
Salz, schwarzer Pfeffer aus der Mühle
frisch geriebener Parmesan zum Darüberstreuen

1 Öl in einem weiten Topf erhitzen. Zwiebeln und Lauch darin 5–6 Minuten andünsten. Möhren, Sellerie und Knoblauch zugeben, 5 Minuten mitdünsten. Dann die Kartoffelwürfel zugeben und 2–3 Minuten mitbraten.

2 Mit der heißen Brühe oder dem Wasser ablöschen, gut umrühren. Kräuter und Gewürze zugeben. Zum Kochen bringen, dann 10–12 Minuten köcheln.

3 Frische Erbsen (tiefgekühlte erst mit den Tomaten!) und Zucchini zugeben. 5 Minuten weiterköcheln. Tomaten zugeben. Zugedeckt 5–8 Minuten garen.

4 Etwa 10 Minuten vor dem Servieren die Bohnen unterrühren und bei offenem Deckel 10 Minuten miterhitzen. Dann die Pestosoße unterheben und kurz miterwärmen. Vom Herd nehmen und kurz durchziehen lassen. Mit Parmesan bestreuen.

Kürbis-Suppe

Wie wäre es mit dieser goldgelben, delikaten Suppe als Mahlzeit an einem herbstlichen Tag?

ZUTATEN

Für 4 Portionen

450 g Gemüsekürbis, ohne Schale, von Kernen befreit
50 g Butter
1 mittelgroße Zwiebel, fein gehackt
750 ml Gemüsebrühe oder Wasser
475 ml Milch
1 Prise frisch geriebene Muskatnuss
40 g in kurze Stücke gebrochene Spaghetti
6 EL frisch geriebener Parmesan
Salz, schwarzer Pfeffer aus der Mühle

1 Das Kürbisstück in mittelgroße Würfel schneiden.

2 Butter in einem weiten Topf erhitzen. Zwiebel darin bei mittlerer Hitze 6–8 Minuten glasig dünsten. Kürbiswürfel zugeben und 2–3 Minuten lang mitdünsten.

3 Brühe oder Wasser zugeben und den Kürbis darin ca. 15 Minuten weichkochen. Topf vom Herd nehmen. Die Suppe etwas abkühlen lassen.

4 Suppe im Blender oder der Küchenmaschine pürieren. Wieder in den Topf geben. Milch unterrühren. Mit Muskat, Salz und Pfeffer abschmecken. Dann die Suppe nochmals aufkochen.

5 Spaghettistücke zugeben. Pasta in der Suppe bissfest kochen. Parmesan unterheben. Mit Muskat bestreuen und sofort servieren.

Zucchini-Erbsen-Creme

Wie bei Muttern: deftige Erbsensuppe für kalte Tage. Aufgewärmt schmeckt sie noch besser.

ZUTATEN

Für 4 Personen

175 g gelbe halbe Erbsen
1 mittelgroße Zwiebel, fein gehackt
1 EL Sonnenblumenöl
2 mittelgroße Zucchini, fein gewürfelt
900 ml Gemüsebrühe
1 TL gemahlener Kurkuma
Salz, schwarzer Pfeffer aus der Mühle
knuspriges Brot zum Dazuessen

1 Erbsen in eine Schüssel füllen, mit Wasser bedecken und am besten über Nacht einweichen. Abgießen, unter kaltem Wasser abspülen, nochmals abgießen.

2 Zwiebel im Öl andünsten. Zugedeckt einige Minuten garen, dabei den Topf ab und zu schwenken. Einige Zucchiniwürfel für später beiseite legen.

3 Restliche Zucchini zugeben, 2–3 Minuten dünsten. Brühe, Erbsen und Kurkuma zugeben, aufkochen. Bei mittlerer Hitze zugedeckt 30–40 Minuten köcheln. Mit Salz und Pfeffer abschmecken.

4 Kurz bevor die Suppe fertig ist, die restlichen Zucchiniwürfel in reichlich kochendem Salzwasser blanchieren. Abtropfen lassen und zur Suppe geben. Dazu warmes Krustenbrot reichen.

PROFI-TIPP

Wenn's schneller gehen soll, die Erbsen durch rote Linsen ersetzen. Sie müssen nicht eingeweicht werden und sind bereits in ca. 10 Minuten gar.

Karrottensuppe mit Koriander

Praktisch alle Wurzelgemüse eignen sich hervorragend für Suppen: Sie lassen sich gut pürieren und ihr erdiger Geschmack harmoniert mit pikanten Kräutern und Gewürzen. Diese einfach zuzubereitende Möhrensuppe glänzt durch feines Aroma und ihre tolle Optik.

ZUTATEN

Für 4–6 Portionen

450 g Möhren, am besten junge Bundmöhren
1 EL Sonnenblumenöl
3 EL Butter
1 Zwiebel, gehackt
1 Stange Sellerie mit etwas Selleriegrün zum Dekorieren
2 kleine Kartoffeln, geschält
1 Liter Gemüsebrühe
2–3 TL gemahlener Koriander
1 EL gehackter frischer Koriander
200 ml Milch
Salz, schwarzer Pfeffer aus der Mühle

1 Möhren putzen, schälen und in Stücke schneiden. Öl und 2 EL Butter in einer großen, feuerfesten Kasserolle oder einem weiten Topf mit schwerem Boden erhitzen. Zwiebel darin 3–4 Minuten glasig goldgelb andünsten.

2 Sellerie in feine Scheiben schneiden, Kartoffeln würfeln. Beides zugeben und mitdünsten. Dann die Möhren zugeben. Bei schwacher Hitze 3–4 Minuten miterhitzen, Topf bedecken.

3 Hitze weiter reduzieren und etwa 10 Minuten lang schmoren. Gelegentlich den Topf schwenken oder umrühren, damit das Gemüse nicht anbrennt.

4 Mit der Brühe ablöschen und aufkochen. Bei nicht ganz geschlossenem Topf 8–10 Minuten köcheln, bis die Möhren und Kartoffeln gar sind.

5 Vom Selleriegrün 6–8 Blättchen beiseite legen. Restliches Grün fein hacken (ca. 1 EL). Restliche Butter in einem kleinen Topf schmelzen. Gemahlenen Koriander darin 1 Minute unter ständigem Rühren anschwitzen.

6 Herd herunterschalten, Selleriegrün und frische Korianderblättchen in der Butter schwenken. Beiseite stellen.

7 Suppe im Blender oder der Küchenmaschine pürieren und in einen sauberen Topf füllen. Milch und Koriandermischung zugeben. Abschmecken, nochmals erwärmen. Mit Sellerieblättchen garniert servieren.

PROFI-TIPP

Eine interessante Note erhält die Suppe, wird sie mit etwas Zitronensaft abgeschmeckt.

Selleriesuppe mit Curry

Eine wärmende Suppe, die durch eine ungewöhnliche Geschmackskombination überrascht. Dazu schmecken warme Vollkornbrötchen oder getoastetes Pitta-Brot.

ZUTATEN

Für 4–6 Portionen

2 EL Olivenöl
1 Zwiebel, gehackt
1 Stange Lauch, in Ringe geschnitten
675 g Stangensellerie, gehackt
1 EL mittelscharfes oder scharfes Curry
225 g ungeschälte Kartoffeln, gewaschen und gewürfelt
900 ml Gemüsebrühe
1 Kräutersträußchen
2 EL gehackte frische Kräuter
Salz, weißer Pfeffer
Selleriesamen und Blätter zum Garnieren

1 Öl in einem weiten Topf erhitzen. Zwiebel, Lauch und Sellerie, zufügen. Im geschlossenen Topf ca. 10 Minuten dünsten, dabei ab und zu umrühren.

2 Currypulver zugeben, weitere 2 Minuten dünsten, dabei ab und zu umrühren.

3 Kartoffeln, Brühe und das Kräutersträußchen zugeben, zugedeckt aufkochen. Etwa 20 Minuten köcheln lassen, bis das Gemüse gar ist.

4 Kräutersträußchen entfernen, wegwerfen. Suppe vom Herd nehmen, etwas abkühlen lassen.

5 Im Blender oder der Küchenmaschine pürieren.

6 Gemischte Kräuter zugeben, würzen und nochmals kurz durchmixen. Wieder in den Topf geben und langsam erhitzen. In Suppentassen füllen und mit Selleriesamen und Selleriegrün garniert servieren.

VARIANTE

Probieren Sie Knollensellerie und Süßkartoffeln anstelle von Stangensellerie und Kartoffeln.

Suppe von frischen Erbsen

In Frankreich nennt man diese Suppe „Potage Saint-Germain". Der Name rührt von einem Vorort von Paris, wo viele Erbsen angebaut wurden. Wenn Sie keine frischen Erbsen bekommen, nehmen Sie einfach tiefgefrorene.

ZUTATEN

Für 2–3 Portionen

2 EL Butter

2 bis 3 Schalotten, fein gehackt

400 g gepalte frische Erbsen (dafür benötigen Sie etwa 1,3 kg ungepalte) oder tiefgekühlte Erbsen

3–4 EL Schlagsahne (nach Belieben)

Salz, schwarzer Pfeffer aus der Mühle

Croûtons zum Garnieren

1 Butter in einem schweren Topf oder einer feuerfeste Kasserolle schmelzen. Schalotten darin unter Rühren 3–4 Minuten glasig dünsten.

2 Die Erbsen und 1/2 Liter Wasser zufügen, mit Salz und Pfeffer würzen.

3 Junge oder tiefgefrorene Erbsen zugedeckt 12 Minuten köcheln lassen (größere, ältere 18 Minuten). Ab und zu umrühren.

4 Wenn die Erbsen gar sind, in eine Küchenmaschine oder einen Blender füllen. Etwas Sud zugeben und gut durchmixen.

5 Suppe in das Kochgefäß zurückfüllen, nach Belieben Sahne einrühren. Nochmals erwärmen (ohne Kochen!). Mit Salz und Pfeffer abschmecken und mit Croûtons bestreut servieren.

Lauchsuppe mit Brokkoli und Erbsen

Schmackhaft und sättigend – diese nahrhafte Suppe wärmt an kalten Wintertagen von innen.

ZUTATEN

Für 4–6 Portionen

1 Zwiebel, gehackt
225 g Lauch, geputzt und in Ringe geschnitten
225 g Kartoffeln, geschält, gewürfelt
900 ml Gemüsebrühe
1 Lorbeerblatt
225 g Brokkoliröschen
175 g tiefgefrorene Erbsen
2–3 EL gehackte Petersilie
Salz, schwarzer Pfeffer aus der Mühle
Petersilie zum Garnieren

1 Zwiebel, Lauch, Kartoffeln, Lorbeer und Brühe in einen weiten Topf geben, mischen und zum Kochen bringen. Zugedeckt ca. 10 Minuten köcheln lassen. Dabei ab und zu umrühren.

2 Brokkoliröschen und Erbsen zufügen. Wieder bedecken und weitere 10 Minuten unter gelegentlichem Rühren köcheln.

3 Vom Herd ziehen und etwas abkühlen lassen. Lorbeerblatt entfernen. Im Blender oder der Küchenmaschine pürieren.

4 Petersilie zugeben, mit Salz und Pfeffer würzen, nochmals kurz durchmixen. In den Topf zurückgeben und nochmals erwärmen (nicht kochen!). In Suppenteller füllen und mit Petersilie garnieren.

Gazpacho

Diese kalte Suppe ist in ganz Spanien beliebt – in hunderten von Varianten. Zu den Zutaten zählen Tomaten, Tomatensaft, Paprika und Knoblauch. Gazpacho wird mit reichhaltiger Garnitur serviert.

ZUTATEN

Für 4 Personen

1,5 kg reife Tomaten
1 grüne Paprikaschote, entkernt und grob gehackt
2 Knoblauchzehen, durchgepresst
2 Scheiben Weißbrot ohne Rinde
4 EL Olivenöl
4 EL Weinessig
150 ml Tomatensaft
1 kräftige Prise Zucker
Salz, schwarzer Pfeffer aus der Mühle
Eiswürfel zum Servieren

Zum Garnieren

2 EL Sonnenblumenöl
2–3 Scheiben Weißbrot, gewürfelt
1 kleine Gurke, geschält und gewürfelt
1 kleine Zwiebel, fein gewürfelt
je 1 rote und grüne Paprikaschote, entkernt und fein gewürfelt
2 hartgekochte Eier, gehackt

1 Tomaten häuten und vierteln, Kerne entfernen.

2 Paprikawürfel in der Küchenmaschine einige Sekunden lang zerkleinern. Tomaten, Knoblauch, Brot, Olivenöl und Essig zugeben, nochmals mixen. Dasselbe mit Tomatensaft, Zucker, Salz und Pfeffer .

3 Die Mischung sollte dickflüssig, aber nicht zu dick sein. Pürieren Sie sie so lange, bis die Konsistenz stimmt. Flüssigkeit durch ein Sieb streichen und mindestens 2 Stunden kühl stellen, jedoch nicht länger als 12 Stunden, weil sich sonst Wasser absetzt.

4 Um für die Garnitur die Brotwürfel vorzubereiten, Öl in einer Pfanne erhitzen und Brot darin 4–5 Minuten goldbraun braten. Auf Küchenpapier legen.

5 Gemüse zum Garnieren einzeln in Schüsseln füllen oder auf einer großen Platte anrichten.

6 Kurz vor dem Servieren einige Eiswürfel unter die Gazpacho rühren, in Suppentassen füllen. Gemüsewürfel, Brot und Ei dazu servieren.

Kalte Kartoffelsuppe mit Lauch

Reichen Sie diese schmackhafte Suppe mit einem Klacks Crème fraîche oder saurer Sahne und streuen Sie einige Schnittlauchröllchen darüber.

ZUTATEN

Für 6–8 Portionen

450 g Kartoffeln, geschält, und gewürfelt
1,5 Liter Gemüsebrühe
4 Stangen Lauch, geputzt
150 ml Crème fraîche oder saure Sahne
Salz, schwarzer Pfeffer aus der Mühle
3 EL frische Schnittlauchröllchen zum Garnieren

1 Kartoffelwürfel und Brühe in einen weiten Topf oder eine Kasserolle geben, aufkochen. Den Herd herunterschalten und 20–30 Minuten köcheln.

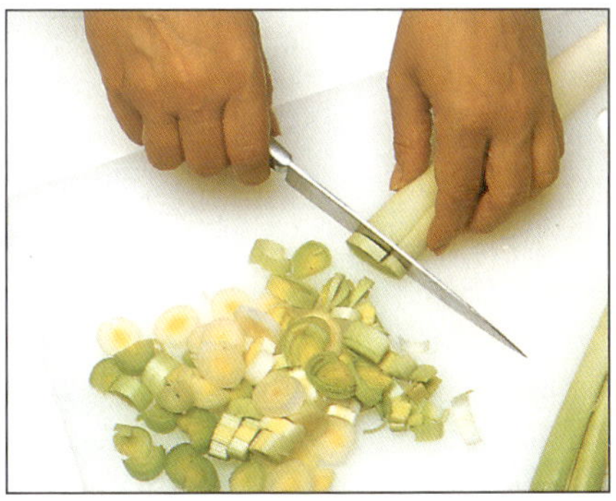

2 Lauchstangen der Länge nach aufschlitzen und abspülen. In dünne Ringe schneiden.

3 Wenn die Kartoffeln fast gar sind, Lauch zugeben. Mit Salz und Pfeffer würzen und 10–15 Minuten köcheln lassen, bis das Gemüse gar ist. Dabei umrühren. Wenn die Suppe zu dickflüssig ist, mit etwas Brühe oder Wasser verdünnen.

4 Suppe im Blender oder der Küchenmaschine pürieren, wenn nötig portionsweise. Wenn die Suppe besonders fein werden soll, durch ein Sieb streichen. Die Sahne bis auf etwas unterrühren. Kühlen, dann ins Gefrierfach stellen. In gekühlte Suppenschalen füllen, mit einem Klacks Sahne und Schnittlauchröllchen servieren.

VARIANTE

Für eine leichte Suppe nehmen Sie fettarmen Frischkäse statt Sahne. Oder Sie verdünnen die Suppe einfach mit etwas Magermilch.

VORSPEISEN

Guacamole

Diese Version der mexikanischen Avocadocreme ist ganz schön feurig, aber längst nicht so scharf wie sie in ihrer Heimat serviert wird.

ZUTATEN

Für 4 Portionen

2 reife Avocados, geschält und entsteint
2 Tomaten, gehäutet, entkernt, gehackt
6 Frühlingszwiebeln, fein geschnitten
1–2 Chilischoten, entkernt, fein gehackt
2 EL Limetten- oder Zitronensaft
1 EL gehackter frischer Koriander
Salz, schwarzer Pfeffer aus der Mühle
frischer Koriander zum Garnieren

1 Avocadohälften in eine Schüssel geben und mit einer großen Gabel musig zerdrücken.

2 Restliche Zutaten zufügen. Gut vermischen, mit Salz und Pfeffer abschmecken. Mit frischem Koriander garniert servieren.

Bohnen-Dip mit Brunnenkresse

Ein erfrischender Dip, der am besten zu rohen Gemüsesticks und italienischen Grissini paßt.

ZUTATEN

Für 4–6 Portionen

225 g Hüttenkäse
400 g Bohnen aus der Dose, abgespült und abgetropft
1 Bund Frühlingszwiebeln, gehackt
50 g Brunnenkresse, gehackt
4 EL Mayonnaise
3 EL frische gemischte Kräuter, gehackt
Salz, schwarzer Pfeffer aus der Mühle
Brunnenkresse zum Garnieren
Gemüsestifte und Grissinistangen zum Servieren

1 Hüttenkäse, Bohnen, Frühlingszwiebeln, Brunnenkresse, Mayonnaise und Kräuter in einen Blender oder eine Küchenmaschine geben und gut mixen.

2 Mit Salz und Pfeffer würzen. Dann die Mischung in eine Schüssel füllen.

3 Mit Frischhaltefolie bedecken und vor dem Servieren für mehrere Stunden kalt stellen.

4 Nach Belieben in Schälchen umfüllen. Mit Brunnenkresse garnieren und Gemüsestifte und Grissini dazu reichen.

PROFI-TIPP

Dieser Dip schmeckt auch mit anderen Hülsenfrüchten aus der Dose wie Kichererbsen.

Safran-Dip

Servieren Sie diesen milden Dip mit frischer Rohkost – besonders lecker zu Blumenkohlröschen.

ZUTATEN

Für 4 Portionen

einige Safranfäden
200 g Frischkäse
10 frische Schnittlauchhalme
10 frische Basilikumblätter
Salz, schwarzer Pfeffer aus der Mühle
Gemüse zum Servieren

1 Die Safranfäden mit 1 EL kochendem Wasser in ein hitzebeständiges Schälchen geben. 3–4 Minuten ziehen lassen, zwischendurch umrühren.

2 Frischkäse glattrühren, dann den aufgelösten Safran mit Flüssigkeit einrühren.

3 Mit einer Schere Schnittlauchröllchen direkt in den Dip schneiden. Basilikumblätter zerzupfen und unterrühren.

4 Mit Salz und Pfeffer abschmecken. Mit dem Gemüse servieren.

VARIANTE

Statt mit Safran kann der Dip auch mit Limettensaft gewürzt werden. Ersatzweise können Sie auch gemahlenen Safran statt der Safranfäden verwenden.

Würziger Möhren-Dip

Dieser feine Dip vereint süße und würzige Aromen. Servieren Sie dazu Weizen-Cracker oder scharfe Tortilla-Chips zum Dippen.

ZUTATEN

Für 4 Portionen

1 Zwiebel
3 Möhren und eine zum Garnieren
abgeriebene Schale und Saft von 2 Orangen
1 EL scharfe Currypaste
150 ml Naturjogurt
1 Handvoll frische Basilikumblätter
1–2 EL Zitronensaft zum Abschmecken
Tabasco zum Abschmecken
Salz, schwarzer Pfeffer aus der Mühle

1 Zwiebel hacken. Möhren schälen und raspeln. Zwiebel, Möhren, Orangenschale und -saft sowie die Currypaste in einen kleinen Topf geben. Aufkochen und zugedeckt 10 Minuten köcheln lassen.

2 Mischung im Blender oder der Küchenmaschine durchmixen. Vollständig abkühlen lassen.

3 Den Jogurt unterrühren, Basilikumblättchen zerzupfen und unter die Möhrenmischung heben.

4 Mit Zitronensaft, Tabasco, Salz und Pfeffer abschmecken. Bei Zimmertemperatur und mit Möhrenraspeln garniert servieren.

Auberginen-Dip mit Fladenbrot

Diese köstliche orientalische Vorspeise wird mit Tahine (Sesammus) abgeschmeckt. Das sorgt für zurückhaltende Würze.

ZUTATEN

Für 6 Portionen

2 kleine Auberginen
1 Knoblauchzehe, durchgepresst
4 EL Tahine (Sesammus)
25 gemahlene Mandeln
Saft einer halben Zitrone
1 TL gemahlener Kümmel
2 EL frische Pfefferminzblätter
2 EL Olivenöl
Salz, schwarzer Pfeffer aus der Mühle

Libanesisches Fladenbrot

4 Pittabrote
3 EL geröstete Sesamsamen
3 EL frische gehackte Thymianblättchen
3 EL Mohnsamen
150 ml Olivenöl

1 Zuerst das Brot herstellen. Pittabrote quer mit einem Messer halbieren. Sesamsamen, Thymian und Mohn in einem Mörser mischen. Sanft mit dem Stößel zerstoßen.

2 Olivenöl unterrühren. Würzmischung auf den Schnittflächen verteilen. Backen, bis das Brot goldbraun und knusprig ist. Wenn es vollständig abgekühlt ist, in Stücke brechen und beiseite stellen.

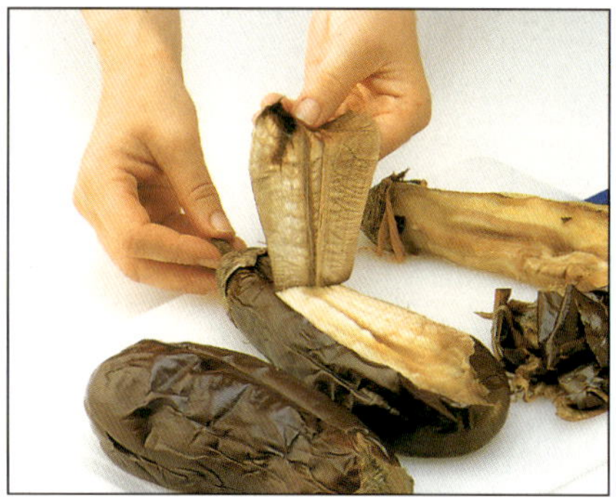

3 Auberginen grillen, bis die Haut schwarz und blasig ist. Dabei öfter umdrehen. Haut abziehen, Fruchtfleisch grob hacken und auf einem Sieb abtropfen lassen. 30 Minuten stehen lassen, dann soviel Flüssigkeit wie möglich aus den Auberginen pressen.

4 Auberginen in eine Küchenmaschine geben. Knoblauch, Sesammus, Mandeln, Zitronensaft und Kümmel zugeben. Würzen und zu einer geschmeidigen Paste verarbeiten. Die Hälfte der Minze hacken und unterrühren.

5 In eine Schüssel füllen, mit Minze garnieren, mit Olivenöl beträufeln. Das Brot dazu reichen.

Kichererbsen-Falafel mit Koriander-Dip

Bällchen aus Kichererbsenpüree werden knusprig frittiert und mit einer schmackhaften Koriander-Mayonnaise serviert.

ZUTATEN

Für 4 Portionen

400 g Kichererbsen aus der Dose, abgetropft
6 Frühlingszwiebeln, fein gehackt
1 Ei
1 TL gemahlenes Kurkuma
1 durchgepresste Knoblauchzehe
1 TL gemahlener Kümmel
4 EL gehackter frischer Koriander
Öl zum Frittieren
1 Chilischote, entkernt und fein gehackt
3 EL Mayonnaise
Salz, schwarzer Pfeffer aus der Mühle
Korianderstiele zum Garnieren

1 Kichererbsen in den Blender oder die Küchenmaschine geben. Fühlingszwiebeln zugeben, zu einer geschmeidigen Paste verarbeiten. Ei, Kurkuma, Knoblauch, Kümmel und etwa 1 EL des gehackten Korianders zugeben. Nochmals kurz mixen. Mit Salz und Pfeffer abschmecken.

2 Mit sauberen befeuchteten Händen arbeiten. Kichererbsenpaste zu 16 kleinen Bällchen formen.

3 Frittieröl auf 180 Grad erhitzen. Die Temperatur ist richtig, wenn ein Brotwürfel in 30–45 Sekunden goldbraun bäckt. Die Falafel portionsweise ca. 2–3 Minuten goldbraun frittieren. Auf Küchenpapier abtropfen lassen. In eine Schüssel geben, warmhalten.

4 Den restlichen gehackten Koriander und die Chiliwürfel unter die Mayonnaise heben. Mit Koriandergrün garnieren und zu den Falafel reichen.

Kichererbsen-Mus mit gebratener Zucchini

Hummus nennt man die würzige Paste aus Kichererbsen. Köstlich dazu: gebratene Zucchini, Pittabrot und Oliven.

ZUTATEN

Für 4 Portionen

225 g Kichererbsen
2 Knoblauchzehen, durchgepresst
6 EL Zitronensaft
4 EL Tahine (Sesammus)
5 EL Olivenöl
1 TL gemahlener Kümmel
450 g kleine Zucchini
Salz, schwarzer Pfeffer aus der Mühle
Paprikapulver und schwarze Oliven
Pittabrot zum Servieren

1 Kichererbsen abtropfen lassen, Flüssigkeit dabei auffangen. Im Blender oder der Küchenmaschine zu einer geschmeidigen Paste verarbeiten. Dabei gegebenenfalls etwas von der Flüssigkeit zugeben.

2 Knoblauch und Zitronensaft unter das Sesammus rühren. Zu den Kichererbsen geben. Gut durchmixen. Bei laufender Maschine nach und nach 2 EL Öl durch den Einfüllstutzen zugießen.

3 Kümmel zugeben. Mit Salz und Pfeffer würzen. Nochmals mixen. Hummus mit dem Schaber in eine Schüssel füllen, bis zum Servieren kalt stellen.

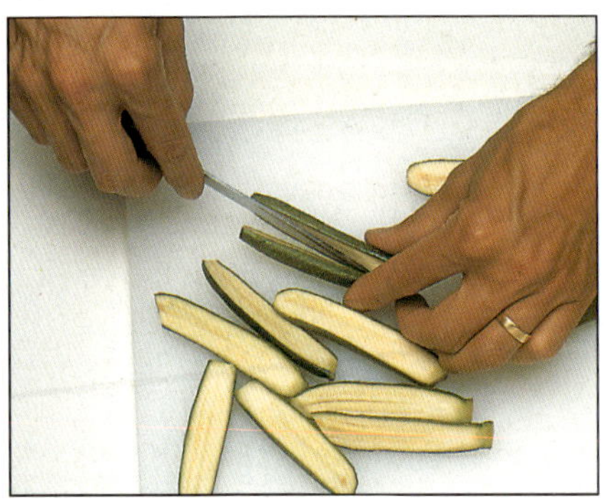

4 Von den Zucchini die Enden abschneiden. Der Länge nach in gleichgroße Stücke schneiden.

5 Restliches Öl in einer großen Pfanne erhitzen. Zucchini salzen und pfeffern. Dann unter Wenden einige Minuten anbraten.

6 Zucchini auf vier Teller verteilen. Auf jeden Teller etwas Hummus geben und mit Paprikapulver bestreuen. Mit Pittabrot servieren und schwarze Oliven dazu reichen.

VARIANTE

Noch nussiger schmeckt der Dip, wenn Sie das Sesammus durch Erdnussbutter ersetzen. Sehr gut passen dazu auch gebratene Auberginen oder rote Paprikaschoten.

Gemischte Gemüse-Antipasti

Köstliche Gemüsevielfalt: drei verschiedene Antipasti, serviert mit knusprigem Weißbrot.

ZUTATEN

Für 4 Portionen

Paprika-Antipasti

3 rote Paprikaschoten
3 gelbe Paprikaschoten
4 Knoblauchzehen in Scheiben
1 Handvoll frische Basilikumblätter
120 ml Olivenöl
Salz, schwarzer Pfeffer aus der Mühle

Pilz-Antipasti

450 g frische Austernpilze
4 EL Olivenöl
1 große Knoblauchzehe, durchgepresst
1 EL frischer Rosmarin, gehackt
1/4 l Weißwein
Rosmarinnadeln zum Garnieren

Eingelegte Oliven

1 getrocknete Chilischote, zerbröselt
geriebene Schale einer Zitrone
120 ml Olivenöl
225 g schwarze Oliven
2 EL gehackte glatte Petersilienblätter
Basilikumblätter zum Garnieren
Zitronenschnitze zum Servieren

1 Paprika unter dem heißen Grill erhitzen, bis die Haut schwarz und blasig ist. Aus dem Ofen nehmen, mit einem feuchten Tuch bedecken und abkühlen lassen.

2 Wenn die Schoten abgekühlt sind, die Haut abziehen. Früchte halbieren und entkernen. In lange Stücke schneiden. Mit dem Knoblauch und den Basilikumblättern in eine Schüssel füllen. Würzen, mit Öl bedecken und 3–4 Stunden ziehen lassen. Schüssel ab und zu schwenken. Mit Basilikum garnieren.

3 Pilze in eine große Schale geben. Öl in einer Pfanne erhitzen. Knoblauch, Rosmarin und Wein zugeben, zum Kochen bringen. 3 Minuten schmoren. Würzen und über die Pilze gießen.

4 Gut mischen. Dann abkühlen lassen, zwischendurch rühren. Zugedeckt über Nacht marinieren lassen. Bei Zimmertemperatur servieren. Mit Rosmarin garnieren.

5 Chili, Zitronenschale und Öl in eine kleine Pfanne geben. Bei schwacher Hitze 3 Minuten erwärmen. Oliven für eine Minute miterhitzen. In eine Schale füllen und abkühlen lassen. Über Nacht durchziehen lassen. Mit Petersilie bestreuen, mit Basilikum verzieren. Mit Zitrone servieren.

Würzkartoffeln mit Chili-Dip

Die Würzkruste der Kartoffeln macht süchtig, vor allem in Kombination mit diesem fruchtig-scharfen Chili-Dip.

ZUTATEN

Für 2 Portionen

2 Backkartoffeln (à ca. 225 g)
2 EL Olivenöl
2 Knoblauchzehen, durchgepresst
1 TL Fünf-Gewürze-Mischung
1 TL gemahlener Koriander
1 EL Paprikapulver
Salz, schwarzer Pfeffer aus der Mühle

Für den Dip

1 EL Olivenöl
1 kleine Zwiebel, fein gehackt
1 Knoblauchzehe, durchgepresst
200 g gewürfelte Tomaten
1 frische Chilischote, entkernt und fein gewürfelt
1 EL Balsamessig
1 EL gehackter frischer Koriander und einige Blättchen zum Garnieren

1 Ofen auf 200 Grad (Gasherd: Stufe 6) vorheizen. Kartoffeln waschen, halbieren und in acht gleichgroße Schnitze schneiden.

2 Die ungeschält in längliche Schnitze geschnittenen Kartoffeln in Salzwasser bissfest garen. In einem Sieb abtropfen lassen und auf Küchenpapier auslegen. Vor dem Braten gut trockentupfen.

3 Öl, Knoblauch, Würzmischung, Koriander und Paprika mit Salz und Pfeffer auf einem Blech mischen. Kartoffeln zugeben und schwenken, bis sie mit Würze bedeckt sind. 20 Minuten backen.

4 In der Zwischenzeit den Chili-Dip zubereiten. Öl in einem Topf erhitzen, Zwiebeln und Knoblauch darin glasig dünsten. Tomaten und -saft zugeben, Chili und Essig unterrühren.

5 Bei sanfter Hitze 10 Minuten kochen, bis die Mischung andickt. Mit Salz und Pfeffer abschmecken. Frischen Koriander unterheben und noch heiß mit den Kartoffeln servieren. Zum Servieren mit Salz, Pfeffer und Paprikapulver bestreuen. Mit Korianderblättchen garnieren.

Frühlingsrollen mit süßem Chili-Dip

Toller Snack vorweg oder Fingerfood für eine Party: niedliche knusprige Mini-Frühlingsrollen mit Dip.

ZUTATEN

Für 20–24 Stück

25 g Vermicelli-Reisnudeln
Erdnussöl zum Braten
1 TL frischer geriebener Ingwer
2 Frühlingszwiebeln, fein gehackt
50 g feine Möhrenstifte
50 g Zuckerschoten in Streifen
25 g zarte, junge Spinatblätter
50 g Sojasprossen
1 EL frische Minze, fein gehackt
1 EL frischer Koriander, fein gehackt
2 EL süße Sojasoße
Teigblätter für 20–24 Frühlingsrollen (13 mal 5 cm)
1 Eiweiß, leicht geschlagen

Für die Soße

4 EL Zucker
50 ml Reisessig
2 frische rote Chilischoten, entkernt und fein gewürfelt

1 Für die Soße Zucker und Essig in einen kleinen Topf geben. 2 EL Wasser zufügen. Langsam erhitzen, dabei rühren, bis sich der Zucker auflöst. Dann schnell zum Kochen bringen, bis sich ein leichter Sirup bildet. Chilischoten unterziehen und abkühlen lassen.

2 Nudeln nach Packungsanweisung einweichen. Abspülen und gut abtropfen lasen. Mit einer Schere in kurze Stücke schneiden.

3 Im Wok 1 EL Öl erhitzen. Ingwer und Frühlingszwiebeln unter Rühren darin 15 Sekunden braten. Möhre und Zuckerschoten 2 Minuten braten. Dann Spinat, Sojasprossen, Minze, Koriander, Sojasoße und Nudeln für eine weitere Minute braten. Vom Herd nehmen und abkühlen lassen.

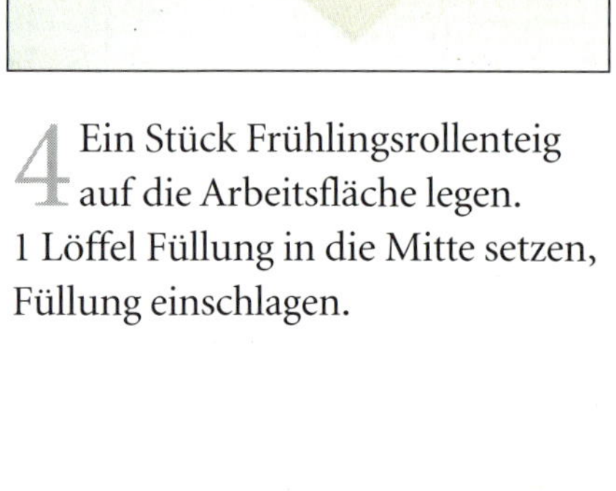

4 Ein Stück Frühlingsrollenteig auf die Arbeitsfläche legen. 1 Löffel Füllung in die Mitte setzen, Füllung einschlagen.

5 Enden umschlagen, dann fest aufrollen. Enden mit Eiweiß „verkleben". Gesamte Füllung auf diese Art verarbeiten.

6 Wok zur Hälfte mit Öl füllen und auf 180 Grad erhitzen. Frühlingsrollen darin portionsweise frittieren, bis sie goldbraun und knusprig sind. Auf Küchenpapier abtropfen lassen. Noch heiß mit der Chilisoße servieren.

PROFI-TIPP

Wenn Sie Gäste haben, können Sie diese Rollen gut vorbereiten. Dann vor dem Servieren nur noch auf Backpapier legen und bei 200 Grad (Gas: Stufe 6) ca. 10 Minuten aufbacken.

Käse-Kräuter-Creme zu Melba-Toast

Diese Vorspeise können Sie gut vorbereiten. Denn die Käsecreme können Sie schon am Vortag fertigstellen, und der Melba-Toast hält sich in einer Box bis zu 2 Tagen.

ZUTATEN

Für 8 Portionen

225 g Blauschimmelkäse
(z.B. Gorgonzola oder Blue Stilton)
115 g Frischkäse
1 EL Portwein
1EL gehackte Petersilie
1EL Schnittlauchröllchen
50 g fein gehackte Walnüsse
Salz, schwarzer Pfeffer aus der Mühle

Für den Melba-Toast

12 Scheiben Toastbrot

1 Blauschimmelkäse, Frischkäse und Portwein in einen Blender oder eine Küchenmaschine füllen und zu einer cremigen Masse verarbeiten.

2 Restliche Zutaten unterrühren. Wenig mit Salz und kräftig mit Pfeffer abschmecken.

3 Gleichmäßig auf Schälchen verteilen. Mit Klarsichtfolie bedecken und im Kühlschrank fest werden lassen. Vor dem Servieren mit Schnittlauch bestreuen.

4 Für den Toast Backofen auf 180 Grad (Gasherd: Stufe 4) vorheizen. Brot von beiden Seiten rösten.

5 Vom heißen Brot die Rinden abschneiden und jede Scheibe waagerecht halbieren. Dann nebeneinander auf ein Backblech legen und nochmals 10–15 Minuten goldbraun und knusprig backen. Restliche Brotscheiben genauso verarbeiten. Direkt aus dem Ofen mit der Käsecreme servieren.

Pâté von Bohnen und Pilzen

Eine leichte und delikate Pâté, die gut zu Vollkornbrot und Toast paßt.

ZUTATEN

Für 12 Portionen

450 g Pilze, geputzt und in Scheiben geschnitten
1 Zwiebel, gehackt
2 Knoblauchzehen, durchgepresst
1 rote Paprikaschote, entkernt, gewürfelt
2 EL Gemüsebrühe
2 EL trockener Weißwein
400 g Kidneybohnen aus der Dose, abgespült und abgetropft
1 verquirltes Ei
50 g Vollkornsemmelbrösel
1 EL frischer Thymian, gehackt
1 EL frischer Rosmarin, gehackt
Salz, schwarzer Pfeffer aus der Mühle
Salatblätter und Tomaten zum Garnieren

1 Ofen auf 180 Grad (Gasherd: Stufe 4) vorheizen. Eine beschichtete Kastenform dünn fetten. Pilze, Zwiebel, Knoblauch, Paprika, Brühe und Wein in einem Topf zum Kochen bringen. Zugedeckt 10 Minuten köcheln, dabei gelegentlich umrühren.

2 Vom Herd nehmen und etwas abkühlen lassen. Mit den Kidneybohnen im Blender oder der Küchenmaschine zu einer geschmeidigen Paste verarbeiten.

3 Mischung in eine Schüssel füllen. Ei, Semmelbrösel und Kräuter zugeben und gut verrühren. Mit Salz und Pfeffer würzen.

4 Mischung in die vorbereitete Backform füllen, Oberfläche glattstreichen. 45–60 Minuten backen, bis die Oberseite leicht gebräunt ist. Auf ein Gitter stellen und in der Backform vollständig auskühlen lassen. Dann mit Folie bedeckt für mehrere Stunden kalt stellen. Pâté stürzen, in Scheiben schneiden, mit Salatblättern und Tomaten anrichten.

Knoblauch-Pilze mit Petersilienkruste

Diese gefüllten Pilze sind ein toller Partysnack oder ein leichtes Abendessen, wenn Sie dazu einen grünen Salat reichen.

ZUTATEN

Für 4 Portionen

350 g große Pilze, Stiele herausgedreht
3 Knoblauchzehen, durchgepresst
175 g weiche Butter
50 g Semmelbrösel
50 g frische Petersilie, gehackt
1 verquirltes Ei
Salz, Cayennepfeffer
8 Kirschtomaten zum Garnieren

1 Backofen auf 190 Grad (Gasherd: Stufe 5) vorheizen. Pilze mit der Öffnung nach oben auf ein Backblech setzen. Knoblauch und Butter in einer kleinen Schale verrühren. Mischung bis auf 3 EL in die Pilze füllen.

2 Restliche Butter in einer Pfanne erhitzen und die Semmelbrösel darin bräunen. Petersilie in eine Schüssel füllen, Semmelbrösel zugeben. Mit Salz und Cayennepfeffer würzen. Alles gut vermischen.

3 Das Ei untermischen und die Pilzhüte mit der Kräuter-Brösel-Mischung füllen. Für 10–15 Minuten backen, bis die Kruste gebräunt ist und die Pilze weich sind. Mit geviertelten Kirschtomaten servieren.

PROFI-TIPP

Wenn Sie vorausplanen möchten: Die gefüllten Pilze können Sie vorbereiten und ungebacken bis zu 12 Stunden im Kühlschrank aufheben.

Spargelröllchen mit Kräuter-Butter-Soße

Was für ein Geschmackserlebnis: zarter Spargel in knuspriger Teighülle, dazu eine Buttersoße.

ZUTATEN

Für 2 Portionen

2 Scheiben TK-Blätterteig
50 g Butter, geschmolzen
16 Stangen grüner Spargel, geputzt

Für die Soße

2 Schalotten, fein gehackt
1 Lorbeerblatt
150 ml trockener Weißwein
175 g weiche Butter
1 EL gehackte gemischte frische Kräuter
Salz, schwarzer Pfeffer aus der Mühle
Schnittlauchröllchen zum Garnieren

1 Backofen auf 200 Grad (Gasherd: Stufe 6) vorheizen. Blätterteig antauen lassen und auf doppelte Größe ausrollen. Der Länge nach halbieren, so dass je 2 längliche Rechtecke entstehen. Mit Butter bepinseln. Eine Ecke umklappen, so dass eine Keilform entsteht.

2 Auf das breite Ende 4 Spargelstangen legen, zum kurzen Ende hin fest aufrollen. Restlichen Spargel und restliche 3 Teigblätter genauso verarbeiten.

3 Die Spargelrollen auf ein gefettetes Backblech legen. Mit der restlichen flüssigen Butter bestreichen. Etwa 8 Minuten im Ofen goldbraun backen.

4 In der Zwischenzeit gehackte Schalotten, Lorbeerblatt und Wein in einem Topf erhitzen. Bei großer Hitze auf weniger als die Hälfte einkochen.

5 Durch ein Sieb in eine Schüssel gießen. Butter nach und nach mit dem Quirl einrühren, bis die Soße weich und glänzend ist.

6 Kräuter unterheben. Soße mit Salz und Pfeffer abschmecken. Wieder in den Topf gießen und warm halten. Spargelröllchen mit Tomaten und Blattsalaten auf Tellern anrichten. Buttersoße mit Schnittlauchröllchen bestreuen und dazu servieren.

Gebackener Mozzarella

Diese Vorspeise sollten Sie probieren: Mozzarellascheiben werden mit einer Würzkruste knusprig frittiert. Frisch zubereitet servieren!

ZUTATEN

Für 2–3 Portionen

300 g Mozzarella

Öl zum Frittieren

2 Eier

Mehl mit Salz und Pfeffer vermischt

Semmelbrösel

glatte Petersilie zum Garnieren

1 Mozzarella in 0,5 cm dicke Scheiben schneiden. Eventuell überschüssige Flüssigkeit mit Küchenpapier vorsichtig abtupfen.

2 Öl auf 185 Grad erhitzen. Zur Probe: Ein Brotstückchen muss sofort knusprig werden. Währenddessen Eier in einer flachen Schüssel verschlagen. Auf einem Teller etwas vom Würzmehl verteilen, auf einem zweiten etwas Semmelbrösel.

3 Käsescheiben zuerst im Mehl wälzen, so dass sie gleichmäßig bedeckt sind. Überschüssiges Mehl abklopfen. Kurz in die Eimasse tauchen, dann in Semmelbröseln wälzen. Dann ein zweites Mal in Ei und Bröseln panieren.

4 Im heißen Öl portionsweise goldbraun ausbacken. Achten Sie darauf, dass die vorbereiteten Käsescheiben nicht zu lange herumliegen, sonst könnte sich beim Frittieren die Panade lösen. Auf Küchenpapier abtropfen lassen. Mit frischer Petersilie garnieren.

Kartoffelküchlein mit Feta

Die frittierten Küchlein erhalten ihr besonderes Aroma durch Fetastücke, Dill und Zitronensaft.

ZUTATEN

Für 4 Portionen

500 g Kartoffeln

115 g Feta (eingelegter Schafskäse)

4 Frühlingszwiebeln, gehackt

3 EL frischer Dill, gehackt

1 EL Zitronensaft

1 verquirltes Ei

Mehl zum Panieren

3 EL Olivenöl

Salz, schwarzer Pfeffer aus der Mühle

1 Pellkartoffeln in Salzwasser garen. Abgießen und pellen. In einer Schüssel zerdrücken. Fetakäse hineinbröckeln. Dann die Frühlingszwiebeln, den Dill, Zitronensaft und das verquirlte Ei unterheben. Mit wenig Salz und reichlich Pfeffer abschmecken. Alles gut vermischen.

2 Mischung zugedeckt im Kühlschrank fest werden lassen. Walnussgroße Bällchen formen, mit der Hand flachdrücken. Im Mehl wälzen und im heißen Öl von beiden Seiten goldbraun braten. Kurz auf Küchenpapier legen und noch heiß servieren.

Gratinierte Birnen mit Käsefüllung

Kleiner Aufwand, große Wirkung: Verwöhnen Sie Ihre Gäste mit diesen saftig-würzigen Birnen. Dazu Salat.

ZUTATEN

Für 4 Portionen

- 50 g Ricottakäse
- 50 g milder Schafskäse
- 1 EL Honig
- 1/2 Stange Sellerie, in feinen Scheiben
- 8 grüne Oliven, entsteint, fein gehackt
- 4 Datteln, entsteint und in feine Streifen geschnitten
- 1 Prise Paprikapulver
- 4 reife Birnen
- 150 ml Apfelsaft

1 Ofen auf 200 Grad (Gasherd: Stufe 6) vorheizen. Ricotta in eine Schüssel geben, Schafskäse dazubröseln. Honig, Sellerie, Oliven, Datteln und Paprikapulver zugeben. Alles gut vermischen.

2 Birnen halbieren und mit einem Kugelausstecher die Kerngehäuse entfernen. In eine feuerfeste Form setzen. Füllung auf die Birnen verteilen.

3 Birnen mit dem Apfelsaft begießen. Form mit Alufolie zudecken. Ca. 20 Minuten backen, bis die Birnen gar sind.

4 Ohne Folie unter dem Grill 3 Minuten gratinieren. Sofort servieren. Dazu passt ein frischer grüner Salat.

PROFI-TIPP

Verwenden Sie saftige, reife Birnen. Wohlschmeckende heimische Sorten: Gute Luise, Conference, Williams.

Knusperbrot mit Pilzkruste

Die appetitanregenden Pilzbrote sind eine pikante Vorspeise oder ein toller Partysnack.

ZUTATEN

Für 2–4 Portionen

1 kurzes Weißbrot (ca. 25 cm)

2 EL Olivenöl

250 g rosa Champignons, geviertelt

1 EL gekörnte Pilzbrühe

2 EL Zitronensaft

2 EL Magermilch

2 EL Schnittlauchröllchen

Salz, schwarzer Pfeffer aus der Mühle

Schnittlauch zum Garnieren

1 Backofen auf 200 Grad (Gasherd: Stufe 6) vorheizen. Brot der Länge nach aufschneiden. Hälften etwas aushöhlen, so dass sie sich gut füllen lassen.

2 Brothälften mit Öl bepinseln. Auf ein Backblech setzen und 6–8 Minuten goldbraun backen.

3 Pilze, gekörnte Pilzbrühe, Zitronensaft und Milch in einem kleinen Topf zum Kochen bringen. Dann 5–8 Minuten unter Rühren dünsten, bis die meiste Flüssigkeit verdampft ist.

4 Herd vom Topf ziehen, Schnittlauch zu den Pilzen geben. Mit Salz und Pfeffer abschmecken. Brothälften damit füllen. Vor dem Servieren mit Schnittlauch bestreuen.

Röstbrot mit Tomate und Pesto

Tomaten, rote Zwiebeln und Pesto ergeben einen saftig-würzigen Belag für knusprig geröstete Brotscheiben. Köstlich als Vorspeise oder auch als schnelles, leichtes Abendessen.

ZUTATEN

Für 2 Portionen

2 dicke Scheiben Weißbrot mit Kruste
3 EL Frischkäse
2 EL rotes oder grünes Pesto
1 Fleischtomate
1 rote Zwiebel
Salz, schwarzer Pfeffer aus der Mühle
gehacktes Basilikum zum Garnieren

1 Brotscheiben im Toaster oder im Backofen von beiden Seiten goldbraun rösten.

2 Frischkäse und Pesto in einer kleinen Schüssel gut verrühren. Geröstetes Brot dick damit bestreichen.

3 Mit einem sehr scharfen Küchenmesser die Tomate in dünne Scheiben schneiden. Rote Zwiebel halbieren, dann in hauchdünne Ringe schneiden.

4 Brote üppig mit Tomate und Zwiebel belegen. Salzen und frischen Pfeffer darübermahlen. Auf einem Rost oder Blech kurz übergrillen. Mit gehackten Basilikumblättchen bestreuen.

PROFI-TIPP

Für dieses Rezept können Sie jede Brotsorte mit knuspriger Rinde verwenden. Probieren Sie auch Bauernbrot oder Ciabatta.

Roquefort-Törtchen

Verwenden Sie zum Backen kleine Quicheförmchen oder ein spezielles Muffin-Blech. Je nach Größe sind die Törtchen ein appetitanregender erster Gang für ein Menü oder feines Amuse-Gueule zum Aperitif.

ZUTATEN

Für 12 Stück

175 g Mehl
kräftige Prise Salz
8 EL Butter
1 Eigelb
2 EL kaltes Wasser

Für die Füllung

1 EL Butter
2 EL Mehl
150 ml Milch
115 g Roquefortkäse, zerkrümelt
150 ml Crème Fraîche
1/2 TL getrocknete gemischte Kräuter
3 Eigelb
Salz, schwarzer Pfeffer aus der Mühle

1 Für den Teig das Mehl in eine Schüssel sieben. Salz zugeben und die Butter unterkneten, bis der Teig krümelig ist. Eigelb mit Wasser verquirlen und unter den Teig arbeiten, bis er geschmeidig ist. In Klarsichtfolie gewickelt für 30 Minuten in den Kühlschrank legen. Sie können den Teig auch in der Küchenmaschine herstellen.

2 Butter in einem Topf schmelzen. Mehl einrühren, mit der Milch ablöschen. Unter ständigem Rühren zum Kochen bringen. Herd abschalten, Käse einrühren, mit Pfeffer und wenig Salz abschmecken. Sahne und Kräuter in einem zweiten Topf aufkochen, auf 2 EL einkochen. Käsesoße und Eigelb unterrühren.

3 Ofen auf 190 Grad (Gasherd: Stufe 5) vorheizen. Teig auf leicht bemehlter Arbeitsfläche 3 mm dünn ausrollen. Kreise mit gewelltem Rand in Größe der entsprechenden Form ausstechen. Förmchen oder Muffin-Blech mit dem Teig auslegen.

4 Die Käsemischung auf die Törtchen verteilen, so dass sie zu mindestens zwei Dritteln gefüllt sind. Törtchen mit kleineren Teigdeckeln in Kreis- oder Sternform belegen. 20–25 Minuten goldbraun backen.

Salate

Bunter Salat mit Ei und Parmesan

Knackiger Salat, Knoblauchdressing, Croûtons und Ei sorgen für ein unvergessliches Geschmackserlebnis.

ZUTATEN

Für 2 Portionen

2 Scheiben Toastbrot
5 EL Olivenöl
2 Eier
150 g gemischte Salatblätter
2 Knoblauchzehen, durchgepresst
2 TL Weißweinessig
frischer Parmesan im Stück
Salz, schwarzer Pfeffer aus der Mühle

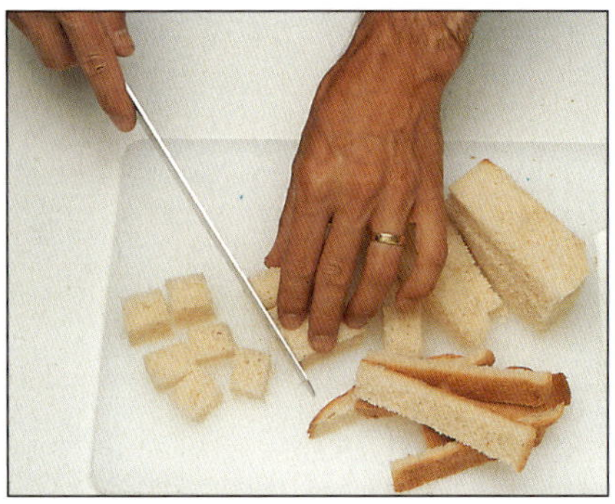

1 Von den Brotscheiben die Rinden entfernen. Mit einem scharfen Küchenmesser in große Würfel schneiden.

VARIANTE

Wenn Ihnen pochierte Eier zu aufwendig sind, servieren Sie diesen Salat mit 40 g eingelegten griechischen grünen Oliven.

2 In einer Bratpfanne 2 EL Olivenöl erhitzen. Brotwürfel darin von allen Seiten goldbraun braten. Zwischendurch umrühren.

3 Währenddessen in einem Topf Wasser zum Kochen bringen. Eier vorsichtig nacheinander in das siedende Wasser gleiten lassen und etwa 4 Minuten pochieren.

4 Blattsalate putzen, verlesen, waschen und auf zwei Tellern anrichten. Mit den Croûtons bestreuen. Dann die Pfanne mit Küchenpapier auswischen.

5 Restliches Öl in der Pfanne erhitzen, Knoblauch und Essig zugeben und bei starker Hitze gut 1 Minute kochen. Noch warm über den Salat gießen.

6 Jeden Teller mit einem pochierten Ei anrichten. Parmesan darüberhobeln. Ei mit Salz bestreuen und zum Schluß Pfeffer darübermahlen.

PROFI-TIPP

Geben Sie einen Schuss Essig in das Wasser für die pochierten Eier. So zerläuft das Eiweiß nicht. Eier einzeln mit Hilfe einer kleinen Schüssel oder einer Schöpfkelle ins Wasser gleiten lassen.

Radicchio mit Birne und Pekannuß

Eine Kombination klassischer Geschmacksnoten ist in diesem Salat vereint: reife Birne, milde Pekannuss und Blauschimmelkäse.

ZUTATEN

Für 4 Portionen

75 g Pekannusskerne, grob gehackt
3 feste Birnen
175 g junger Spinat, entstielt
1 Kopf Endiviensalat
1 Radicchio
2 EL fertiges Blauschimmelkäse-Dressing
Salz, schwarzer Pfeffer aus der Mühle
Brot zum Dazuessen

1 Nüsse kurz im Ofen oder in einer Pfanne rösten, um das Aroma hervorzuheben.

2 Birnen ungeschält achteln. Gehäuse mit einem scharfen Küchenmesser herausschneiden.

3 Salate verlesen, waschen und trockenschleudern. Birnen und geröstete Nüsse zugeben, gut mit dem Dressing vermischen. Mit Salz und Pfeffer nach Belieben nachwürzen. Brot im noch heißen Ofen erwärmen und dazu reichen.

VARIANTE 1

Wenn Sie ein leichteres Dressing ohne Käse wünschen: Verquirlen Sie 1 EL körnigen Senf, 1 EL Ahornsirup, 1 EL Zitronensaft mit 1/2 TL getrocknetem Estragon, Pfeffer und Salz. Zum Schluß 4 EL Öl kräftig darunterschlagen.

Salat von jungem Frühlingsgemüse

Eine gute Portion Gesundheit steckt in diesem herrlichen Mix aus zartem Frühlingsgemüse.

ZUTATEN

Für 4 Portionen

500 g kleine neue Kartoffeln, halbiert
400 g Bohnenkerne aus der Dose, abgetropft
115 g Kirschtomaten
75 g Walnusshälften
2 EL Weißweinessig
1 EL körniger Senf
4 EL Olivenöl
1 Prise Zucker
225 g grüner Spargel, geputzt
6 Frühlingszwiebeln, geputzt
Salz, schwarzer Pfeffer aus der Mühle
100 g junge Spinatblätter, entstielt

1 Kartoffelhälften ungeschält in Salzwasser 10–12 Minuten gar kochen. In der Zwischenzeit die Bohnen in eine Schüssel füllen. Kirschtomaten halbieren, mit den Walnüssen zu den Bohnen geben.

2 Weißweinessig, Senf, Olivenöl und Zucker in ein verschließbares Glas geben. Mit Salz und Pfeffer würzen. Deckel fest zuschrauben und das Dressing wie in einem Shaker kräftig durchschütteln.

3 Spargel zu den Kartoffeln geben und 3 Minuten mitkochen. Gemüse gut abtropfen lassen. Etwas abkühlen lassen. Frühlingszwiebeln putzen und halbieren. Kartoffeln in dicke Scheiben schneiden.

4 Spargel, Kartoffeln und Frühlingszwiebeln zu den Bohnen geben. Dressing über den Salat gießen und gut mischen. Teller mit Spinatblättern auslegen und den Salat darauf anrichten.

Couscous-Salat

Eine Variante des klassischen Tabbouleh – ein arabischer Salat mit viel Zitrone, der normalerweise mit Bulgur zubereitet wird.

ZUTATEN

Für 4 Portionen

3 EL Olivenöl
5 Frühlingszwiebeln, gehackt
1 Knoblauchzehe, durchgepreßt
1 TL gemahlener Kümmel
350 ml Gemüsebrühe
175 g Couscous
2 Tomaten, gehäutet und gehackt
4 EL gehackte frische Petersilie
4 EL gehackte frische Minze
1 frische grüne Chilischote, entkernt und feingewürfelt
2 EL Zitronensaft
Salz, schwarzer Pfeffer aus der Mühle
Geröstete Pinienkerne und abgeriebene Zitronenschale zum Garnieren
Römersalat zum Anrichten

1 Öl in einem Topf erhitzen. Frühlingszwiebeln und Knoblauch darin glasig dünsten. Kümmel mitdünsten. Mit der Brühe ablöschen und aufkochen.

2 Topf vom Herd nehmen, den Couscous unterrühren und zugedeckt quellen lassen, bis die gesamte Flüssigkeit vom Getreide aufgesogen ist. Wenn Sie Instant-Couscous verwenden, nach Packungsanweisung zubereiten.

3 Couscous in eine Schüssel füllen. Tomaten, Petersilie, Minze, Chili und Zitronensaft untermischen. Mit Salz und Pfeffer abschmecken. Am besten eine Stunde durchziehen lassen, damit sich das Aroma entfalten kann.

4 Zum Servieren eine flache Schale mit Salatblättern auslegen. Couscous-Salat einfüllen. Mit gerösteten Pinienkernen und abgeriebener Zitronenschale bestreuen.

Bohnensalat mit Gurke und Zitrone

Braune Bohnen stammen aus der ägyptischen Küche und sind bisweilen in Reformhäusern oder Naturkostläden erhältlich. Sie können aber auch Kidney- oder schwarze Bohnen verwenden.

ZUTATEN

Für 6 Portionen

350 getrocknete braune Bohnen
2 Stiele Thymian
2 Lorbeerblätter
1 Zwiebel, halbiert
4 Knoblauchzehen, durchgepresst
1–2 TL Kümmel, zerstoßen
3 Frühlingszwiebeln, fein gehackt
6 EL gehackte frische Petersilie
4 EL Zitronensaft
6 EL Olivenöl
3 hartgekochte Eier, geschält und grob gehackt
1 Gewürzgurke, gewürfelt
Salz, schwarzer Pfeffer aus der Mühle

1 Bohnen in eine Schüssel geben. Mit Wasser bedecken und über Nacht einweichen. Abgießen, mit frischem Wasser bedecken und aufkochen. Bei starker Hitze 10 Minuten kochen.

2 Hitze reduzieren. Thymian, Lorbeer und Zwiebel zugeben. Bei schwacher Hitze etwa eine Stunde garen. Abgießen, Zwiebel und Lorbeer entfernen.

3 Knoblauch, Kümmel, Frühlingszwiebeln, Petersilie, Zitronensaft und Öl verschlagen. Dressing über die Bohnen gießen und leicht mischen. Eier und Gurke unterheben und servieren.

PROFI-TIPP 1

Die Garzeit für Bohnen kann beträchtlich variieren. Sie kann nur 45 Minuten betragen oder wesentlich länger.

Nudelsalat mit Paprika und Pilzen

Bunte Paprika verleihen diesem Salat Farbe, Pilze sorgen für das kräftige Aroma. Der sättigende Salat taugt auch als Hauptmahlzeit.

ZUTATEN

Für 6 Portionen

1 halbe rote Paprikaschote
1 halbe gelbe Paprikaschote
1 halbe grüne Paprikaschote
350 g kurze Vollkornnudeln, zum Beispiel Muschelnudeln
2 EL Olivenöl
3 EL Balsamessig
5 EL Tomatensaft
2 EL gehacktes frisches Basilikum
1 EL gehackter frischer Thymian
je 175 g Shiitake-Pilze und Austernpilze, in sehr feine Streifen geschnitten
400 g Augenbohnen aus der Dose, abgespült und abgetropft
115 g Sultaninen
2 Bund Frühlingszwiebeln, fein gehackt
Salz, schwarzer Pfeffer aus der Mühle

1 Grill vorheizen. Paprikaschoten mit der Schnittfläche nach unten auf einen Grillrost setzen und grillen, bis die Haut schwarz und blasig ist. Mit einem feuchten Küchenhandtuch bedecken und abkühlen lassen.

2 In der Zwischenzeit die Nudeln in reichlich Salzwasser bißfest garen und auf einem Sieb abtropfen lassen.

3 Olivenöl, Essig, Tomatensaft, Basilikum und Thymian verrühren. Gut mit den warmen Nudeln mischen.

4 Paprika häuten, entkernen und in Streifen schneiden. Mit den Pilzen, Bohnen, Sultaninen und Frühlingszwiebeln unter die Nudeln heben. Mit Salz und Pfeffer kräftig abschmecken. Abkühlen und durchziehen lassen. Eventuell vor dem Servieren mit etwas Brühe nachwürzen.

Gemüse-Pasta-Salat

Simpel und köstlich: Dieser Nudelsalat läßt sich mit fast allen Gemüsesorten variieren.

ZUTATEN

Für 8 Portionen

450 g kurze Vollkornnudeln wie Spiralnudeln, Fusilli oder Penne
3 EL Olivenöl
2 mittelgroße Möhren
1 kleiner Brokkoli
175 g Erbsen (frisch oder TK)
1 rote oder gelbe Paprikaschote, entkernt
2 Selleriestangen
4 Frühlingszwiebeln
1 große Tomate
75 g entsteinte Oliven

Für das Dressing

3 EL Wein- oder Balsamessig
4 EL Olivenöl
1 EL Dijon-Senf
1 EL Sesamsamen
2 EL gehackte gemischte frische Kräuter wie Petersilie, Thymian und Basilikum
115 g gewürfelter Gouda oder Mozzarella oder eine Mischung von beidem
Salz, schwarzer Pfeffer aus der Mühle
Petersilie zum Garnieren

1 Nudeln in einem großen Topf in reichlich kochendem Salzwasser bißfest garen. In ein Sieb abschütten und mit kaltem Wasser abschrecken.

2 Gut abtropfen lassen und in eine große Schüssel füllen. 3 EL Olivenöl darübergießen, schwenken und vollständig abkühlen lassen, bevor Sie die anderen Zutaten untermischen.

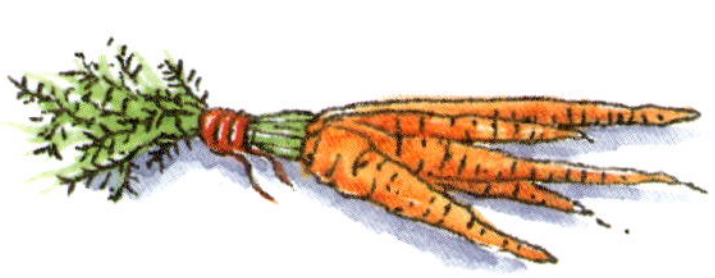

3 Möhren, Brokkoli und Erbsen in kochendem Wasser kurz blanchieren, mit kaltem Wasser abschrecken. Gut abtropfen lassen.

4 Möhren, Sellerie und Frühlingzwiebeln in Scheiben schneiden, Paprika und Tomate würfeln, Brokkoli in Röschen teilen. Mit den Erbsen und Oliven zu den Nudeln geben.

5 Für das Dressing Öl, Essig und Senf in einem kleinen Schälchen verquirlen. Sesam und Kräuter unterrühren. Soße unter den Salat mischen. Mit Salz und Pfeffer abschmecken. Mehr Öl und Essig zugeben wenn erforderlich. Käse unterheben. 15 Minuten durchziehen lassen und mit Petersilie garnieren.

Fruchtiger Reis-Salat

Farbenfroh und geschmacksintensiv. Schmeckt richtig durchgezogen am besten. Toll für Picknicks.

ZUTATEN

Für 4–6 Portionen

225 g Wildreis-Vollkornreis-Mischung
1 gelbe Paprikaschote, entkernt, gewürfelt
1 Bund Frühlingszwiebeln, in feine Ringe geschnitten
3 Selleriestangen, gehackt
1 Fleischtomate, gewürfelt
2 grünschalige Äpfel, gewürfelt
175 g essfertige Trockenaprikosen, gehackt
115 g Rosinen
2 EL ungesüßter Apfelsaft
2 EL trockener Sherry
2 EL süße Soyasoße
1 Spritzer Tabasco
2 EL frische gehackte Petersilie
1 EL frischer gehackter Rosmarin
Salz, schwarzer Pfeffer aus der Mühle

1 Reis-Wildreis-Mischung nach Packungsanweisung in einem weiten Topf in leicht gesalzenem Wasser zum Kochen bringen und ausquellen lassen. Abkühlen lassen. Damit es schneller geht, eventuell in ein kaltes Wasserbad stellen.

2 Abgekühlten Reis mit Paprika, Frühlingszwiebeln, Sellerie, Tomate, Äpfeln, Aprikosen und Rosinen in eine große Schüssel geben und alles gut vermischen.

3 In einer kleinen Schüssel Apfelsaft, Sherry, Sojasoße, Tabasco, Kräuter, Salz und Pfeffer kräftig verquirlen.

4 Dressing über den Salat verteilen und vorsichtig vermischen. Eine halbe Stunde lang kühl stellen. Vor dem Servieren nochmals abschmecken.

Gurken-Salat mit Dill-Dressing

Die Gurken bleiben knackig, wenn Sie die Scheiben mit Salz bestreuen und das Wasser herausziehen lassen.

ZUTATEN

Für 4–6 Portionen

2 mittelgroße Gurken
1 EL Salz
90 g Rohrzucker
175 ml trockener Apfelwein
1 EL Apfelessig
3 EL gehackter frischer Dill
etrwas schwarzer Pfeffer aus der Mühle
Dillfähnchen zum Garnieren

1 Gurken in feine Scheiben hobeln. In ein Sieb geben und gleichmäßig mit Salz bestreuen. Auf eine Schüssel stellen und etwa 1 Stunde ziehen lassen.

2 Gurkenscheiben kurz abspülen, um überschüssiges Salz zu entfernen. Dann mit Küchenpapier abtupfen.

3 Apfelwein, Zucker und Essig in einem Topf erwärmen, bis sich der Zucker aufgelöst hat. Vom Herd nehmen und abkühlen lassen. Gurken in eine Schüssel füllen, mit der Flüssigkeit begießen und 2 Stunden ziehen lassen.

4 Gurken abtropfen lassen. Dill untermischen, pfeffern. Im Kühlschrank kühlen. Kurz vor dem Servieren nochmals abschmecken. In einer Salatschale anrichten und mit Dill garnieren.

Klassischer Griechischer Salat

Wenn Sie je in Griechenland waren, wissen Sie, wie pikant und sättigend dieser Salat ist.

ZUTATEN

Für 4 Portionen

1 Römersalat

1/2 Gurke, der Länge nach durchgeschnitten

4 Tomaten

8 Frühlingszwiebeln

50 g schwarze griechische Oliven

115 g Feta

6 EL Weißweinessig

120 ml Olivenöl

Salz, schwarzer Pfeffer aus der Mühle

Oliven und Brot zum Servieren

1 Salat putzen, waschen und zerzupfen. Eine große Schüssel damit auslegen. Gurke in feine Scheiben schneiden und zugeben.

2 Tomaten vierteln und ebenfalls zugeben.

3 Frühlingszwiebeln in feine Ringe schneiden. Mit den Oliven zugeben, gut mischen.

4 Feta würfeln und vorsichtig unterheben.

5 Für das Dressing Essig, Salz und Pfeffer in einer kleinen Schale verrühren. Dann das Öl kräftig darunterschlagen. Dressing über den Salat träufeln. Zum Salat Brot und Oliven reichen.

PROFI-TIPP

Der Salat läßt sich prima vorbereiten und kühlen. Geben Sie grünen Salat und Dressing erst kurz vor dem Servieren zu. Dressing nicht kühlen, sonst verliert es an Aroma.

Salat mit frischem Spinat und Avocado

Junge zarte Spinatblätter sind eine willkommene Abwechslung zu Kopfsalat. Sie harmonieren perfekt mit cremiger Avocado und knackigen Radieschen.

ZUTATEN

Für 2–3 Portionen

1 große Avocado
Saft von 1 Limette
225 g junger Sommerspinat
115 g Kirschtomaten
4 Frühlingszwiebeln, fein geschnitten
1/2 Gurke
50 g Radieschen, in Scheiben geschnitten

Für das Dressing

115 g weicher Tofu
3 EL Milch
2 EL Senf
1 TL Weißweinessig
Cayennepfeffer
Salz, schwarzer Pfeffer aus der Mühle

1 Avocado halbieren, entsteinen und schälen. Fruchtfleisch in Scheiben schneiden. Auf einem großen Teller auslegen und mit Limettensaft beträufeln.

2 Spinat verlesen, waschen und trockenschütteln. In eine Schüssel geben.

3 Kirschtomaten halbieren. Gurke in mundgerechte Stücke schneiden. Tomaten, Gurke, Frühlingszwiebeln und Radieschen zum Spinat geben und sanft unterheben.

4 Tofu, Milch, Senf, Essig und eine Prise Cayennepfeffer in einen Blender oder eine Küchenmaschine geben. Mit Salz und Pfeffer würzen. 30 Sekunden pürieren. Mit dem Schaber in eine Schüssel füllen. Mit etwas Milch verdünnen, wenn nötig. Mit Cayennepfeffer bestäuben. Salat mit Dressing, Radieschen und Kräutern servieren.

PROFI-TIPP

Verwenden Sie für das Dressing lieber eine weiche Tofusorte (aus dem Naturkostladen). Es läßt sich geschmeidiger verarbeiten.

Farfalle-Salat mit süßsaurer Paprika

Pikante Kapern geben dem simplen Salat die besondere Note.

ZUTATEN

Serves 4–6

je 1 rote, gelbe und orangefarbene Paprika
1 Knoblauchzehe, fein gehackt
2 EL Kapern
2 EL Rosinen
1 EL körniger Senf
abgeriebene Schale und Saft von 1 Limette
1 EL flüssiger Honig
2 EL frischer gehackter Koriander
225 g Farfalle (oder andere kurze Nudeln)
Salz, schwarzer Pfeffer aus der Mühle
frisch gehobelter Parmesan zum Servieren

1 Paprikaschoten vierteln, entstielen und entkernen. In Salzwasser 10–15 Minuten garen. In kaltem Wasser abschrecken. Dann die Haut abziehen und das Fruchtfleisch in lange Streifen schneiden.

2 Knoblauch, Kapern, Rosinen, Senf, Limettenschale und -saft, Honig und Koriander in ein Schälchen geben. Mit Salz und Pfeffer würzen, kräftig verquirlen.

3 Nudeln in Salzwasser nach Packungsanweisung al dente garen. Auf einem Sieb abtropfen lassen.

4 Pasta wieder in den Topf geben, Paprika und Dressing zugeben. Vorsichtig vermischen, dabei nochmals erwärmen. In einer angewärmten Schüssel servieren. Nach Belieben gehobeltem Parmesan dazu reichen.

Bulgur-Bohnen-Salat mit Kresse

Ein appetitanregender Salat mit erfrischendem Kräuteraroma. Servieren Sie dazu Chutney.

ZUTATEN

für 6 Personen

350 g Bulgur („Weizengrütze")
225 g TK-Bohnenkerne
115 g TK-Erbsen
225 g Kirschtomaten, halbiert
1 weiße Zwiebel, gehackt
1 rote Paprikaschote, entkernt, gewürfelt
50 g Zuckerschoten, halbiert
50 g Brunnenkresse
1 EL gehackte frische Petersilie
1 EL gehacktes frisches Basilikum
1 EL gehackter frischer Thymian
French Dressing
Salz, schwarzer Pfeffer aus der Mühle

1 Bulgur nach Packungsanweisung einweichen und garen. Gut abtropfen lassen und in eine Schüssel füllen.

2 Währenddessen Bohnenkerne und Erbsen in Salzwasser 3 Minuten blanchieren. Abgießen und zum Bulgur geben.

3 Kirschtomaten, Zwiebel, Paprikaschote, Zuckerschoten und Brunnenkresse zum Bulgur geben. Alles vorsichtig in der Salatschüssel vermischen.

4 Gehackte Petersilie, Basilikum und Thymian unterrühren. Mit dem Fertigdressing, Salz und Pfeffer abschmecken. Sofort servieren oder im Kühlschrank kalt stellen.

PROFI-TIPP

Statt Bulgur können Sie auch vorgekochten Couscous, Vollkornnudeln oder Naturreis verwenden.

Artischocken-Salat mit Minze

Die zartbitteren Artischocken vertragen das süßsaure Dressing wunderbar!

ZUTATEN

Für 4 Portionen

6 kleine Artischocken
Saft von 1 Zitrone
2 EL Olivenöl
2 mittelgroße Zwiebeln, grob gehackt
175 g geschälte Dicke Bohnen (frisch oder TK)
175 g gepalte Erbsen (frisch oder TK)
Salz, schwarzer Pfeffer aus der Mühle
frische Minze zum Garnieren

Für die Salsa

120 ml Weißweinessig
1 EL Ahornsirup
1 Handvoll frische Minzblätter

1 Artischocken von den äußeren Blättern befreien und vierteln. Mit dem Zitronensaft in eine Schüssel mit Wasser geben.

2 Öl erhitzen und die Zwiebeln darin goldbraun dünsten. Bohnen zugeben und rühren.

3 Artischocken abgießen und in den Topf geben. Mit 300 ml Wasser ablöschen und 10–15 Minuten köcheln.

4 Erbsen zugeben. Mit Salz und Pfeffer würzen und weitere 5 Minuten köcheln, bis das Gemüse gar ist. Dabei gelegentlich umrühren.

5 Gemüse auf einem Sieb abtropfen lassen und in einer Schüssel anrichten. Abkühlen lassen, dann zugedeckt in den Kühlschrank stellen.

6 Für die Salsa alle Zutaten in einem kleinen Topf mischen. Sanft erhitzen und ca. 5 Minuten köcheln lassen. Abkühlen lassen. Dann über den Salat träufeln. Mit frischer Minze garnieren.

Spargelsalat mit Orange

Das Rezept für diesen besonderen Salat stammt aus Spanien. Es kombiniert spritzige Orange mit mildem knackigen Spargel.

ZUTATEN

Für 4 Portionen

225 grüner Spargel, geputzt und in 5 cm lange Stücke geschnitten
2 große Orangen
2 Tomaten, geachtelt
50 g Römersalat, zerzupft
2 EL Olivenöl
1 EL Sherryessig
Salz, schwarzer Pfeffer aus der Mühle

1 Spargelstücke in kochendem Salzwasser 3–4 Minuten bißfest garen. Dann das Gemüse auf einem Sieb gut abtropfen lassen.

2 Schale einer halben Orange abreiben und aufheben. Beide Früchte schälen und die Filets herausschneiden. Trennhäute ausdrücken, Saft dabei auffangen.

3 Spargel, Orangenfilets, Tomaten und Römersalat in eine Salatschüssel geben. Öl, Essig, 1 EL Orangensaft und 1 TL Rinde verquirlen. Dressing mit Salz und Pfeffer abschmecken. Kurz vor dem Servieren über den Salat träufeln. Mit dem Salatbesteck vorsichtig vermischen.

PROFI-TIPP

Schmeckt auch köstlich mit Lollo Rosso oder Feldsalat.

Blattsalat mit gegrilltem Ziegenkäse

Kräftige Winterblattsalate getoppt mit einem aromatischen Highlight. Der würzige Ziegenkäse harmoniert fantastisch mit dem zartbitteren Aroma von Radicchio.

ZUTATEN

Für 4 Portionen

2 kleine runde Ziegenfrischkäse (je ca. 65-115 Gramm; z.B. Crottin de Chavignol)
4 Scheiben französisches Weißbrot
Olivenöl zum Beträufeln
175 g gemischte Wintersalate wie Radicchio, Lollo Rosso, Eichblatt
Schnittlauchröllchen zum Garnieren

Für das Dressing

1/2 Knoblauchzehe
1 EL Dijonsenf
1 TL Weißweinessig
1 TL trockener Weißwein
3 EL Olivenöl
Salz, schwarzer Pfeffer aus der Mühle

1 Eine Salatschüssel mit der Schnittfläche der Knoblauchzehe ausreiben. Senf, Essig, Wein, Salz und Pfeffer in einem Schälchen verquirlen. Öl löffelweise darunterschlagen, so dass sich eine sämige Vinaigrette bildet.

2 Ziegenkäse mit einem scharfen Messer quer halbieren.

3 Grill vorheizen. Brotscheiben auf einem mit Alufolie ausgelegten Backblech von einer Seite rösten. Umdrehen, auf jedes Brot ein Stück Ziegenkäse legen (Schnittseite nach oben). Mit Öl beträufeln und goldbraun grillen.

4 Vorbereitete Blattsalate und Dressing in die Salatschüssel geben. Alles gut mischen. Salat auf vier Tellern anrichten, auf jeden ein Stück Brot mit Käse setzen, mit Schnittlauchröllchen garnieren.

Tomatensalat mit Feta und Oliven

Sonnengereifte Tomaten können einfach nicht besser schmecken als mit gutem Olivenöl und Fetakäse. Dieser in Griechenland und der Türkei beliebte Salat ist ein ideales Mittagessen an heißen Tagen.

ZUTATEN

Für 4 Portionen

900 g vollreife Tomaten
200 g Fetakäse
120 ml Olivenöl, am besten griechisches
12 schwarze Oliven
4 Stiele Basilikum
schwarzer Pfeffer aus der Mühle

1 Von den Tomaten mit einem scharfen Messer den Ansatz herausschneiden.

2 Tomaten in dicke Scheiben schneiden. Einen Teller fächerförmig damit belegen.

3 Käse über die Tomaten bröseln. Mit Öl beträufeln, Oliven und Basilikum zufügen. Mit Salz und Pfeffer würzen. Nicht zu kühl servieren.

PROFI-TIPP

Feta kann sehr intensiv und salzig schmecken. Wenn Sie es milder mögen, fragen Sie beim türkischen Händler nach einer weniger salzigen Sorte.

Fenchel und Orange auf Raukesalat

Fruchtig, leicht und erfrischend, ist dieser Salat eine tolle Vorspeise zu würzigen oder schweren Gerichten.

ZUTATEN

Für 4 Portionen

2 Orangen

1 Fenchelknolle

115 g Rauke

50 g schwarze Oliven

Für das Dressing

2 EL Olivenöl

1 EL Balsamessig

1 kleine Knoblauchzehe, durchgepresst

Salz, schwarzer Pfeffer aus der Mühle

1 Eine Orange heiß abwaschen und gut trockenreiben. Etwas Schale dünn abschälen.

2 Orangenschale mit einem scharfen Messer in feine Juliennestreifen schneiden.

3 Beide Orangen dick schälen. Dann das Fruchtfleisch in dicke Scheiben schneiden. Kerne dabei sorgfältig entfernen.

4 Die Fenchelknolle halbieren und in sehr feine Streifen schneiden. Mit einer guten Küchenreibe mit scharfer Klinge geht das ebenfalls sehr gut.

5 Orangen, Fenchel und Rauke in einer Salatschüssel mischen.

6 Olivenöl, Essig, Knoblauch und Gewürze verquirlen und über den Salat verteilen. Mischen und kurz durchziehen lassen. Mit Oliven und Orangenschale anrichten, Pfeffer darübermahlen.

Würziger Auberginensalat

Probieren Sie diesen Salat aus gebratenen Auberginen auch zu Nudeln oder türkischem Fladenbrot.

ZUTATEN

Für 4 Portionen

1 große Aubergine (ca. 675 g)

1 TL Salz

4 EL Olivenöl

geriebene Schale und Saft von 1 Zitrone

2 EL Kapern

12 entsteinte grüne Oliven

1 kleine Knoblauchzehe, gehackt

2 EL gehackte glatte Petersilie

Salz, schwarzer Pfeffer aus der Mühle

1 Aubergine in 2 mal 1 cm große Würfel schneiden. Auf einem Teller auslegen und mit Salz bestreuen. 30 Minuten ziehen lassen und dann überschüssiges Salz abspülen. Mit Küchenpapier trockentupfen.

2 Das Olivenöl in einer großen Pfanne erhitzen. Auberginenwürfel darin ca. 10 Minuten unter Rühren braten, bis sie goldbraun und weich sind. Damit die Auberginen gleichmäßig bräunen, besser in zwei Portionen nacheinander braten. Auf Küchenpapier abtropfen lassen, leicht salzen.

PROFI-TIPP

Gut durchgezogen schmeckt dieser Salat noch besser. Deshalb sollten Sie ihn bereits am Vortag zubereiten. Wenn Sie ihn als Hauptgericht servieren wollen, bestreuen Sie ihn zusätzlich mit gerösteten Pinienkernen und gehobeltem Parmesan.

3 Gebratene Auberginen in eine Salatschüssel geben. Mit Zitronenschale, -saft, Kapern, Oliven, Knoblauch und gehackter Petersilie anrichten.

4 Mit Salz und Pfeffer würzen. Nicht zu kühl servieren.

Tomatensalat mit Frühlingszwiebeln

In Indien heißt dieser Salat Cachumbar. Er wird für gewöhnlich zu Curries gereicht, weil er die Schärfe etwas aufhebt und Zunge und Gaumen erfrischt.

ZUTATEN

Für 4 Portionen

3 reife Tomaten

2 Frühlingszwiebeln, gehackt

1 TL Birnendicksaft

3 EL frischer gehackter Koriander

Salz

1 Stielansätze von den Tomaten mit einem scharfen Messer entfernen.

2 Tomaten halbieren, entkernen, das Fruchtfleisch würfeln.

3 Tomaten mit Frühlingszwiebeln, Sirup, Koriander und Salz mischen. Nicht zu kalt servieren.

VARIANTE

Auch köstlich: Füllen Sie diesen Salat mit Hummus in Pittabrotstücke.

BEILAGEN

Pfannen-Kartoffeln

Diese knusprig goldbraunen Rosmarinkartoffeln werden in Frankreich gerne serviert.

ZUTATEN

Für 6 Portionen

1,3 kg große Kartoffeln
4–6 EL Öl oder geklärte Butter
2 oder 3 Zweige Rosmarin, Nadeln abgestreift und gehackt
Salz, schwarzer Pfeffer aus der Mühle

1 Kartoffeln schälen und in grobe Würfel schneiden. In eine Schüssel mit Wasser geben und 10–15 Minuten ziehen lassen. Abtropfen lassen und mit einem Küchenhandtuch sorgfältig trockentupfen.

2 4 EL Öl oder Butter in einer schweren Pfanne stark erhitzen (das Fett darf jedoch nicht qualmen). Kartoffeln darin ohne Umrühren von einer Seite bräunen (ca. 2 Minuten).

3 Pfanne schwenken und die Kartoffeln wenden. Salzen und pfeffern. Weiterbräunen.

4 Etwas mehr Fett zugeben und die Kartoffeln bei mittlerer bis schwacher Hitze 20–25 Minuten garen. Zwischendurch probieren, ob die Kartoffeln gar sind. 5 Minuten vor Ende der Garzeit den gehackten Rosmarin darüberstreuen.

Kartoffel-Rösti

Diese geriebenen rohen Kartoffeln sehen ein bißchen aus wie Stroh, bevor sie in die Pfanne wandern. Natürlich schmecken sie viel besser, nämlich saftig und würzig.

ZUTATEN

Für 4 Portionen

450 g festkochende Kartoffeln
1 1/2 EL geschmolzene Butter
1 EL Pflanzenöl und mehr, wenn nötig
Salz, schwarzer Pfeffer aus der Mühle

1 Kartoffeln schälen und grob reiben. Sofort die geschmolzene Butter untermischen. Salzen und pfeffern.

2 Öl in einer großen Pfanne erhitzen. Kartoffelmischung zugeben und zu einer gleichmäßigen Masse zusammendrücken. Etwa 7–10 Minuten braten, bis die Unterseite gut gebräunt ist.

3 Den Rösti lösen, indem man die Pfanne schwenkt oder einen Schaber unter den Rösti schiebt.

4 Kartoffelrösti mit Hilfe eines Backblechs wenden. Das Blech über die Pfanne legen. Beides fest zusammendrücken und gemeinsam umdrehen. Pfanne wieder auf den Herd stellen, gegebenenfalls Öl nachgießen. Rösti wieder in die Pfanne gleiten lassen und auf der anderen Seite ebenfalls goldbraun braten. Heiß servieren.

Salines DE Guérande
LE SEL DE LA VIE

Luftige Kartoffeltörtchen

Wohl die delikateste Art, Kartoffeln zu servieren: Zuerst werden sie püriert, dann mit Butter und Milch verfeinert und luftig im Ofen aufgebacken. Mit Salat sind diese Kartoffeltörtchen sogar als Hauptgang geeignet.

ZUTATEN

Für 6 Stück

275 g Kartoffeln
Vollmilch und Butter zum Pürieren
1 TL gehackte frische Petersilie
1 TL gehackter frischer Estragon
75 g Vollkornmehl
1 Ei
etwa 120 ml Milch
Öl oder Sonnenblumenmargarine
Salz, schwarzer Pfeffer aus der Mühle

1 Kartoffeln schälen und garen. Unter Zugabe von etwas Milch und Butter zerdrücken. Mit Petersilie, Estragon, Salz und Pfeffer würzen. Backofen auf 200 Grad (Gasherd: Stufe 6) vorheizen.

2 Mehl, Ei, Milch und eine Prise Salz in der Küchenmaschine zu einem geschmeidigen Teig verarbeiten.

3 Auf ein Blech 6 kleine feuerfeste Formen setzen. In jedes 1 TL Öl oder einen Klacks Margarine geben. Fett im Ofen 2–3 Minuten heiß werden lassen.

4 Zügig in jedes Förmchen etwa 4 TL Teig füllen. Dann je 1 gehäuften EL Kartoffelmasse daraufgeben und mit dem verbliebenen Teig gleichmäßig bedecken. Im Backofen 15–20 Minuten backen, bis die Kartoffeltörtchen luftig und goldbraun sind.

5 Mit einem Messer die Törtchen vorsichtig aus den Formen lösen und auf einer vorgewärmten Platte anrichten. Sofort servieren.

Sahniges Kartoffelgratin

Cremig, sättigend und köstlich. Macht einen kalten Abend gleich viel gemütlicher.

ZUTATEN

Für 4 Portionen

675 g Kartoffeln, geschält, in dünne Scheiben geschnitten
1 Knoblauchzehe
2 EL Butter
300 ml Sahne
50 ml Milch
Salz, weißer Pfeffer

1 Ofen auf 150 Grad (Gasherd: Stufe 2) vorheizen. Kartoffeln in eine Schüssel mit Wasser geben, um überschüssige Stärke zu entfernen. Abgießen und trockentupfen.

2 Knoblauch halbieren und damit eine große flache Auflaufform ausreiben. Form großzügig buttern. Sahne und Milch in einer Kanne mischen.

3 Eine Schicht Kartoffeln in die Auflaufform legen. Mit einigen Butterflöckchen belegen. Kartoffelschicht mit Salz und Pfeffer bestreuen und mit etwas Sahne-Mischung begießen.

4 So fortfahren, bis alle Zutaten verbraucht sind. Dabei mit einer Sahneschicht abschließen. Für ca. 1 1/4 Stunden in den Ofen schieben. Wenn die Kartoffeln zu schnell bräunen, mit Alufolie abdecken. Die Kartoffeln müssen recht weich sein und eine goldbraune Kruste aufweisen.

Würzkartoffeln mit Blumenkohl

Ganz einfach zuzubereiten, aber vielseitig zu kombinieren. Dieses Kartoffelgericht schmeckt mit Reis, Papadam, Gurken-Jogurt-Soße und frischem Minz-Relish.

ZUTATEN

Für 2 Portionen

225 g Kartoffeln
75 ml Erdnussöl
1 TL gemahlener Kümmel
1 TL gemahlener Koriander
1 Messerspitze gemahlenes Kurkuma
1 Messerspitze Cayennepfeffer
1 frische grüne Chilischote, entkernt und fein gehackt
1 mittelgroßer Kopf Blumenkohl, in Röschen zerteilt
1 TL Kümmelsamen
2 Knoblauchzehen, gehackt
1–2 EL frischer Koriander, fein gehackt
Salz

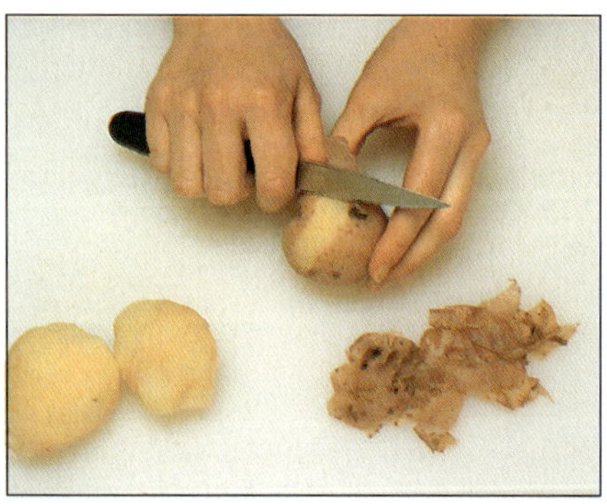

1 Pellkartoffeln in Salzwasser garen. Abgießen und abkühlen lassen. Pellen und in grobe Würfel schneiden.

2 In einer Pfanne oder in einem Wok 3 EL Öl erhitzen. Kümmel, Koriander, Kurkuma, Cayennepfeffer und Chili darin anschwitzen. Gewürze ein paar Minuten braten.

3 Blumenkohlröschen und etwa 4 EL Wasser zugeben. Bei mittlerer Hitze unter Rühren 6–8 Minuten garen. Kartoffeln zugeben und unter Rühren 2–3 Minuten weiterbraten. Mit Salz und Pfeffer würzen und vom Herd ziehen.

4 Restliches Öl in einer kleinen Pfanne erhitzen. Kümmel und Knoblauch darin bräunen. Über die Gemüsemischung streuen. Gehackten Koriander daraufstreuen und sofort servieren.

Knoblauchpüree

Das Püree mit der besonderen Note. Zwei Knollen Knoblauch mögen Ihnen zwar viel erscheinen. Ihr Aroma ist jedoch mild und süß.

ZUTATEN

Für 6–8 Portionen

2 Knollen Knoblauch, in Zehen aufgeteilt, nicht geschält
115 g Butter (ungesalzen)
1,3 kg mehlig- bis festkochende Kartoffeln
120–175 ml Milch
Salz, weißer Pfeffer

1 Wasser in einem kleinen Topf zum Kochen bringen. Knoblauchzehen darin 2 Minuten kochen. Abtropfen lassen und aus der Schale drücken.

2 Die Hälfte der Butter in einer schweren Pfanne schmelzen. Blanchierten Knoblauch zugeben und bei schwacher Hitze 20–25 Minuten zugedeckt schmoren. Dabei ab und zu die Pfanne schwenken und rühren. Knoblauch nicht zu dunkel werden lassen.

3 Pfanne vom Herd nehmen und abkühlen lassen. Knoblauch in einen Blender oder eine Küchenmaschine mit Metallklinge füllen und zu einer weichen Creme verarbeiten. In ein Schälchen abfüllen, Klarsichtfolie auf die Masse drücken, damit sich kein Film auf der Creme bildet.

4 Kartoffeln schälen und vierteln. In einen großen Topf geben, mit Wasser knapp bedecken und kräftig salzen. Zugedeckt zum Kochen bringen.

5 Kartoffeln sehr weich kochen (mit einem kleinen Küchenmesser zur Probe anstechen) und abgießen. Nochmals auf den Herd stellen, bis die Flüssigkeit vollständig verdampft ist. Mit einem Kartoffelstampfer zu Brei verarbeiten. Mit einem Holzlöffel umrühren. Vom Herd nehmen.

6 Milch in einem kleinen Topf erhitzen, bis sie fast kocht. Milch, restliche Butter und Knoblauchmus nach und nach unter das Püree arbeiten. Mit Salz und weißem Pfeffer abschmecken.

Ofenkartoffeln mit Paprika

Dieses beliebte Gericht aus den Südstaaten der USA gibt's in den Restaurants von New Orleans.

ZUTATEN

Für 4 Portionen

500 g festkochende Kartoffeln
12 Schalotten
2 gelbe Paprikaschoten
Olivenöl
2 Stiele frischer Rosmarin
Salz, schwarzer Pfeffer aus der Mühle

1 Backofen auf 200 Grad (Gasherd: Stufe 6) vorheizen. Kartoffeln waschen und 5 Minuten blanchieren, abtropfen lassen.

2 Wenn die Kartoffeln nicht mehr zu heiß sind, Schale abziehen, Kartoffeln der Länge nach halbieren. Schalotten pellen und halbieren. In ihre natürlichen Segmente zerfallen lassen.

3 Paprika in acht schmale Streifen schneiden, entkernen und die Trennhäute entfernen.

4 Eine feuerfeste Auflaufform sorgfältig mit Öl auspinseln.

5 Kartoffeln und Paprika abwechselnd einschichten. Mit Schalotten abdecken.

6 Rosmarinstiele in ca. 5 cm lange Stücke schneiden und zum Auflauf geben. Mit Olivenöl beträufeln und großzügig mit Salz und Pfeffer würzen. Ohne Deckel für 30–40 Minuten in den Ofen schieben, bis das Gemüse weich ist.

Gebackene Süßkartoffeln

Süßkartoffeln, drei Pfeffersorten und viel Butter verleihen dem Gericht Cajun-Touch. Servieren Sie pro Person eine halbe als Beilage oder eine ganze als Hauptgericht. Dazu passt Salat mit Brunnenkresse.

ZUTATEN

Für 3–6 Portionen

3 Süßkartoffeln mit rötlicher Schale (à 450 g)
75 g Butterflocken
schwarzer, weißer und Cayennepfeffer
Salz

1 Süßkartoffeln waschen, aber nicht abtrocknen. Rundherum mit Salz einreiben, mehrmals mit einer Gabel einstechen und auf einem Blech auf die mittlere Schiene des Ofens schieben. Bei 200 Grad (Gasherd: Stufe 6) etwa 1 Stunde backen.

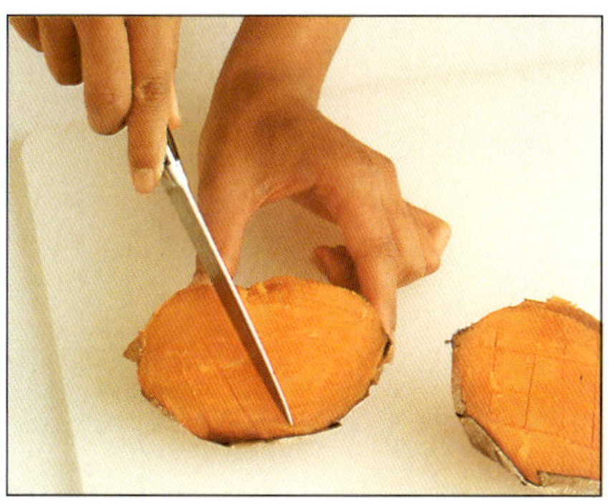

2 Für eine Beilage die Süßkartoffeln halbieren und auf der Innenseite kreuzweise mehrfach einschneiden. Mit Butterflöckchen besetzen. Butter und Gewürze mit einer Messerspitze in die Einschnitte einarbeiten.

3 Wollen Sie die Süßkartoffeln im Ganzen servieren, machen Sie stattdessen auf der Längsseite vorsichtig einen tiefen Einschnitt. Füllen Sie die Süßkartoffeln mit Butterflöckchen, den Pfeffersorten und Salz, ohne sie aufzubrechen.

PROFI-TIPP

Süßkartoffeln sind schneller gar als Kartoffeln. Deshalb muss der Backofen nicht vorgeheizt werden.

Thailändischer Duftreis

Ein locker-duftiges Reisgericht, aromatisiert mit frischem Zitronengras. In Thailand reicht man es zu pikanten Curries.

ZUTATEN

Für 4 Portionen

1 Stange Zitronengras
2 Limetten
225 g brauner Basmatireis
1 EL Olivenöl
1 Zwiebel, gehackt
1 walnussgroßes Stück frischer Ingwer, geschält und fein gehackt
1 1/2 TL Koriandersamen
1 1/2 TL Kümmelsamen
750 ml Gemüsebrühe
4 EL gehackter frischer Koriander
Limettenschnitze zum Servieren

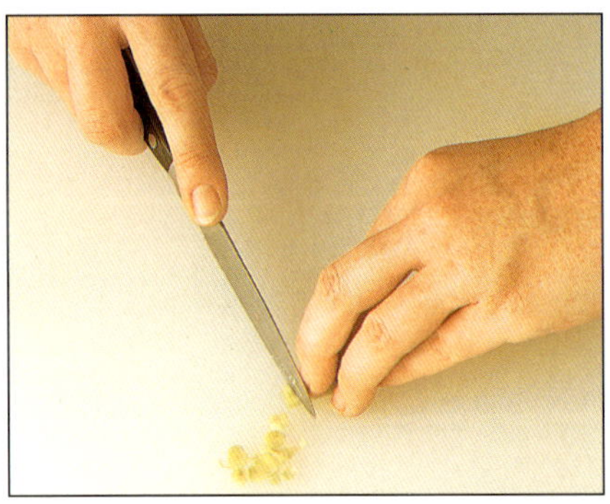

1 Zitronengras mit einem scharfen Messer fein hacken.

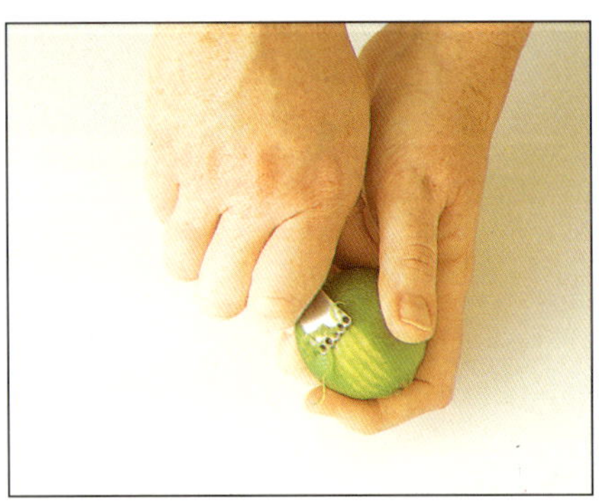

2 Mit einem Zestenreißer oder einer feinen Reibe etwas Limettenschale abreiben, ohne die weiße Haut mit abzureiben.

3 Den Reis unter reichlich fließendem Wasser waschen und abtropfen lassen.

4 Öl in einem großen Topf erhitzen. Zwiebel, Gewürze, Zitronengras und Limettenschale darin 2–3 Minuten anschwitzen.

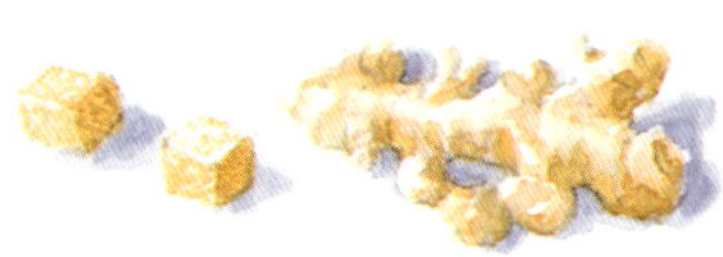

PROFI-TIPP

Probieren Sie dieses würzige Reisgericht auch mit weißem Basmati oder Langkorn. Achten Sie dann aber auf die veränderten Garzeiten.

5 Reis zugeben, unter Rühren ebenfalls anschwitzen. Mit der Brühe ablöschen und aufkochen. Bei schwacher Hitze zugedeckt simmern lassen. Nach 30 Minuten den Reis probieren. Gegebenenfalls noch einige Minuten zugedeckt weitergaren. Dann den Topf vom Herd ziehen.

6 Gehackte Korianderblätter unterheben, Reis etwas auflockern und nochmals 10 Minuten ziehen lassen. Mit Limettenschnitzen servieren.

Würzreis mit Sesam

Wenn Sie eine Abwechslung zu einfachem Reis suchen, ist dieser kräftig gelbe Würzreis genau richtig. Am besten verwenden Sie Basmati, Langkornreis oder Naturreis sind jedoch genauso gut geeignet.

ZUTATEN

Für 4 Portionen

1 TL Sonnenblumenöl
1/2 TL gemahlener Kurkuma
6 Kardamomkapseln, leicht zerstoßen
1 TL Koriandersamen, leicht zerstoßen
1 Knoblauchzehe, durchgepresst
200 g Basmatireis
400 ml Gemüsebrühe
115 g Naturjogurt
1 EL geröstete Sonnenblumenkerne
1 EL geröstete Sesamsamen
Salz, schwarzer Pfeffer aus der Mühle
Korianderblätter zum Garnieren

1 Öl in einer beschichteten Pfanne erhitzen. Gewürze und Knoblauch darin unter ständigem Rühren anbraten.

2 Reis und die Brühe zugeben und aufkochen. Zugedeckt 15 Minuten quellen lassen, bis der Reis knapp gar ist.

3 Jogurt, Sonnenblumenkerne und Sesamsamen unterheben. Mit Salz und Pfeffer abschmecken. Mit Koriander garnieren und heiß servieren.

PROFI-TIPP

Die mineralstoffreichen Samen können über viele Gerichte gestreut werden. Rösten Sie sie vorher kurz an, dann kommt das Aroma voll zur Geltung.

Roter gebratener Reis

Rote Zwiebeln, rote Paprika und Tomaten sorgen für die kräftige Farbe und das frische Aroma dieses ansprechenden Reisgerichts.

ZUTATEN

Für 2 Portionen

145 g Basmatireis

2 EL Erdnussöl

1 kleine rote Zwiebel, fein gehackt

1 rote Paprikaschote, entkernt, gewürfelt

225 g Kirschtomaten, halbiert

2 Eier, verquirlt

Salz, schwarzer Pfeffer aus der Mühle

1 Den Reis mehrmals unter kaltem Wasser abspülen. Gut abtropfen lassen. Reis in einem großen Topf mit kochendem Salzwasser 10–12 Minuten garen.

2 Währenddessen das Öl in einem Wok erhitzen. Zwiebel und Paprika darin 2–3 Minuten unter Rühren anbraten. Dann die Kirschtomaten zugeben, weitere 2 Minuten braten und rühren.

3 Verquirlte Eier mit einem Mal zugeben. 30 Sekunden stocken lassen. Wenn die Eier fest werden, mit dem Rühren beginnen.

4 Gekochten Reis gut abtropfen lassen. In den Wok geben und 3 Minuten miterhitzen, dabei mischen. Mit Salz und Pfeffer abschmecken und sofort servieren.

Reis-Pilaw mit Kräutern

Wildreis sorgt für kräftigen Biss, Rosinen für zarte Süße. Servieren Sie Saisongemüse (Rezept: siehe unten) zu diesem einfachen, aber raffinierten Reisgericht.

ZUTATEN

Für 4 Portionen

225 g Naturreis-Wildreis-Mischung
1 EL Olivenöl
1 Zwiebel, gehackt
1 Knoblauchzehe, durchgepresst
1 TL gemahlener Kümmel
1 TL gemahlenes Kurkuma
50 g Sultaninen
750 ml Gemüsebrühe
2–3 EL gehackte frische gemischte Kräuter
Salz, schwarzer Pfeffer aus der Mühle
frische Kräuter und 25 g gehackte, geröstete Pistazien zum Garnieren

1 Reis unter fließendem Wasser waschen, gut abtropfen lassen. Öl erhitzen, Zwiebel und Knoblauch darin unter Rühren glasig goldbraun dünsten.

2 Gewürze und Reis zugeben und unter Rühren 1 Minute anbraten. Dann die Sultaninen unterrühren. Mit der Brühe ablöschen, aufkochen, zugedeckt 20–25 Minuten quellen lassen.

3 Gehackte gemischte Kräuter unterheben, mit Salz und Pfeffer abschmecken. Pilaw in eine angewärmte Servierschüssel umfüllen. Mit Kräutern und gehackten Pistazien garnieren. Sofort servieren.

Überbackenes Mini-Gemüse

So kommen die Aromen von Gemüse optimal zur Geltung.

ZUTATEN

Für 6 Portionen

750 g gemischtes Minigemüse (z.B. Auberginen, Zucchini, Mais)
4 Schalotten
200 g Champignons
1 rote Paprikaschote, entkernt, in lange Streifen geschnitten
1–2 Knoblauchzehen, fein gehackt
1–2 EL Olivenöl
2 EL gehackte frische gemischte Kräuter
225 g Kirschtomaten
115 g Mozzarella, grob gerieben
Salz, schwarzer Pfeffer aus der Mühle
nach Belieben schwarze Oliven zum Garnieren

1 Ofen auf 220 Grad (Gasherd: Stufe 7) vorheizen. Auberginen, Zucchini und Schalotten der Länge nach halbieren.

2 Sämtliches Gemüse und Knoblauch in einer flachen, feuerfesten Auflaufform verteilen. Salzen und pfeffern. Gleichmäßig mit Öl beträufeln. 20 Minuten backen, bis das Gemüse leicht gebräunt ist. Einmal umrühren.

3 Kräuter und Tomaten dazugeben. Mit Mozzarella bestreuen. Weitere 5–10 Minuten backen, bis der Käse schmilzt. Sofort servieren. Nach Belieben schwarze Oliven dazu reichen.

Pfannengerührter Rosenkohl

Wenn Sie Rosenkohl langweilig finden, sollten Sie ihn mal auf chinesische Art sautiert probieren. Ein ganz neues Geschmackserlebnis!

ZUTATEN

Für 4 Portionen

450 g Rosenkohl

1 TL Sesamöl

2 Frühlingszwiebeln, in Ringe geschnitten

1/2 TL chinesisches 5-Gewürze-Pulver

1 EL süße Sojasoße

1 Rosenkohl putzen und mit dem Messer in feine Streifen schneiden oder raspeln.

2 Öl in einer Pfanne erhitzen. Rosenkohl und Frühlingszwiebeln unter Rühren darin 2 Minuten anbraten, aber nicht bräunen.

3 Fünf-Gewürze-Pulver und Sojasoße zugeben und 2–3 Minuten unter Rühren weiterbraten. Zu anderen chinesischen Gerichten servieren.

Rosenkohl mit Kastanien

Dieses Gericht stammt aus Frankreich. Dort ist es eine beliebte weihnachtliche Beilage.

ZUTATEN

Für 4–6 Portionen

225 g Esskastanien

120 ml Milch

500 g kleiner zarter Rosenkohl

2 EL Butter

1 Schalotte, fein gehackt

2–3 EL Weißwein oder Wasser

1 Mit einem kleinen Küchenmesser die Esskastanien kreuzweise einritzen. Wasser in einem kleinen Topf zum Kochen bringen. Kastanien darin bei mittlerer Hitze 6–8 Minuten kochen. Vom Herd nehmen

2 Mit einem Schöpflöffel Kastanien portionsweise herausnehmen. Noch heiß schälen. Äußere Schale mit einem Messer entfernen, dann die pelzige Innenhaut abziehen.

3 Topf ausspülen. Geschälte Kastanien und die Milch zugeben. So viel Wasser zugießen, dass die Kastanien bedeckt sind. Bei mittlerer Hitze zugedeckt 12–15 Minuten garen, bis die Kastanien gar sind. Abtropfen lassen und beiseite stellen.

4 Vom Rosenkohl die äußeren Blätter entfernen, Strünke kürzen. Mit einem kleinen Küchenmesser die Strünke kreuzweise einschneiden, damit der Rosenkohl gleichmäßig gart.

5 Die Butter in einer großen schweren Pfanne schmelzen. Schalotte darin unter Rühren glasig dünsten. Rosenkohl und den Wein oder Wasser zugeben. Zugedeckt bei mittlerer Hitze 6–8 Minuten schmoren. Dabei ab und zu die Pfanne schwenken. Wenn nötig, noch etwas Flüssigkeit zugeben.

6 Geschälte Kastanien zugeben, vorsichtig vermischen. Zugedeckt nochmals 3–5 Minuten schmoren, bis Rosenkohl und Kastanien gar sind.

Auberginen nach Szechuan-Art

Braten unterstreicht das mild nussige Aroma der Auberginen am besten. Als Scharfmacher fungieren bei diesem Gemüsegericht getrocknete Chilischoten.

ZUTATEN

Für 4 Portionen

2 kleine Auberginen
1 TL Salz
3 getrocknete rote Chilischoten
Erdnussöl zum Frittieren
3–4 Knoblauchzehen, fein gehackt
1 haselnussgroßes Stück frischer Ingwer, geschält und fein gehackt
4 Frühlingszwiebeln, in 2,5 cm lange Stücke geschnitten (grüne und weiße getrennt)
1 EL chinesischer Reiswein oder halbtrockener Sherry
1 EL süße Sojasoße
1 TL brauner Zucker
1 Messerspitze gemahlene geröstete Szechuan-Pfefferkörner (Asialaden)
1 EL chinesicher Reisessig
1 TL Sesamöl

1 Auberginen putzen und in 7,5 mal 4 cm große Scheiben schneiden. In einen Durchschlag geben und mit Salz bestreuen. 30 Minuten Wasser ziehen lassen. Unter fließendem kaltem Wasser abspülen. Mit Küchenpapier trockentupfen.

2 Chilischoten in warmem Wasser einweichen. Abtropfen lassen, Schoten in je vier Stücke schneiden und entkernen.

3 Wok zur Hälfte mit Öl füllen. Auf 180 Grad erhitzen. Auberginen goldbraun frittieren. Auf Küchenpapier legen. Öl bis auf etwas ausschütten. Rest erhitzen. Knoblauch, Ingwer, weiße Teile der Frühlingszwiebeln darin anbraten.

4 Unter Rühren nochmals 30 Sekunden braten. Aubergine untermischen. Reiswein oder Sherry, Sojasoße, Zucker, Pfeffer und Reisessig zugeben. Weitere 1–2 Minuten unter Rühren braten. Mit Sesamöl beträufeln. Das Grün der Frühlingszwiebel darüberstreuen und sofort servieren.

China-Gemüse mit Sojasauce

Das Raffinierte an diesem wirklich einfachen Rezept sind die Zutaten: Der chinesische Blattsenf schmeckt scharf und sanft zugleich. Pflaumensoße aus dem Asialaden sorgt für milde Süße.

ZUTATEN

Für 3–4 Portionen

450 g Paksoi

2 EL Erdnussöl

1–2 EL Pflaumensoße

1 Paksoi putzen, alle verfärbten Blätter und beschädigte Stiele entfernen. In mundgerechte Stücke schneiden.

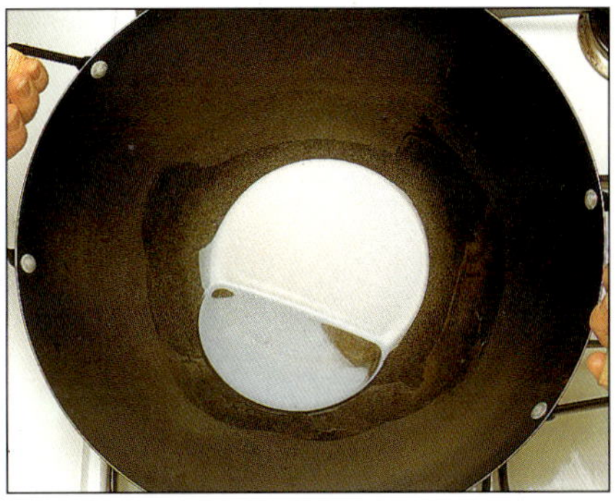

2 Einen Wok erhitzen. Öl hineingeben und verteilen.

3 Paksoistücke hineingeben und unter Rühren 2–3 Minuten zusammenfallen lassen.

4 Pflaumensoße zugeben und für einige Sekunden unter Rühren weitererhitzen. Das Gemüse sollte gar, aber noch bißfest sein. Sofort servieren.

VARIANTE

Paksoi oder „Chinesischer Blattsenf" wird bisweilen aus Holland importiert. Er hält sich im Plastikbeutel im Kühlschrank bis zu 7 Tagen. Sollten Sie ihn nich bekommen, können Sie auch Mangold verwenden. Stiele schälen und eine etwas längere Garzeit beachten.

Süßsaure Perlzwiebeln

Auf diese Weise zubereitet, entfalten die Zwiebeln Schärfe und Süße zugleich. Das feine Schmorgericht stammt aus der Provence.

ZUTATEN

Für 6 Portionen

450 g kleine junge Zwiebeln, geschält
50 ml Weinessig
3 EL Olivenöl
3 EL Birnendicksaft
3 EL Tomatenmark
1 Lorbeerblatt
2 Stiele frische Petersilie
65 g Rosinen
Salz, schwarzer Pfeffer aus der Mühle

1 Alle Zutaten in einen Topf geben, mit 300 ml Wasser begießen. Zum Kochen bringen und im offenen Topf 45 Minuten köcheln lassen, bis die Zwiebeln weich sind und die Flüssigkeit fast vollständig verkocht ist.

2 Das Lorbeerblatt und die Petersilienstengel entfernen. Mit Salz und Pfeffer abschmecken. In eine Servierschale umfüllen und lauwarm servieren.

Spinat mit Rosinen und Pinienkernen

Eine Anleihe aus der arabischen Küche. Gedünsteter Spinat wird mit knackigen Pinienkernen und saftig-süßen Rosinen verfeinert. Darauf werden knusprige Croûtons gestreut.

ZUTATEN

Für 4 Portionen

50 g Rosinen
1 dicke Scheibe knuspriges Weißbrot
3 EL Olivenöl
25 g Pinienkerne
500 g junge Spinatblätter, Stiele entfernt
2 Knoblauchzehen, durchgepresst
Salz, schwarzer Pfeffer aus der Mühle

1 Rosinen in kochendem Wasser 10 Minuten einweichen und abtropfen lassen.

2 Brot entrinden und würfeln. 2 EL Öl erhitzen, Brotwürfel knusprig goldbraun braten. Auf Küchenpapier legen.

3 Restliches Öl in der Pfanne erhitzen. Pinienkerne darin braten, bis sie bräunen. Spinat und Knoblauch zugeben und andünsten. Spinat rühren, bis er zusammenfällt.

4 Rosinen untermischen. Mit Salz und Pfeffer kräftig abschmecken. In eine angewärmte Servierschüssel füllen. Croûtons darüberstreuen. Heiß servieren.

VARIANTE

Statt Spinat können Sie Paksoi oder Mangold verwenden. Beides etwas länger garen.

Frittierte Pastinaken auf jungem Spinat

Frittiert offenbaren Pastinaken ihr ganzes kulinarisches Potential. Sie werden auf junge Spinatblätter in Walnussdressing köstlich gebettet.

ZUTATEN

Für 4 Portionen

400 g Pastinaken
115 g Mehl
1 Ei, getrennt
120 ml Milch
115 g junge Spinatblätter, gewaschen und trockengeschüttelt
2 EL Olivenöl
1 EL Walnussöl
1 EL Sherryessig
Öl zum Frittieren
1 EL Walnüsse, grob gehackt
Salz, schwarzer Pfeffer aus der Mühle und Cayennepfeffer

1 Pastinaken schälen, in einem Topf mit Salzwasser 10–15 Minuten bissfest garen. Abtropfen und etwas abkühlen lassen. Sobald sie nicht mehr zu heiß sind, diagonal in mundgerechte, nicht zu dünne Scheiben schneiden.

2 Mehl in eine Schüssel füllen, in der Mitte eine Mulde formen. Eigelb hineingeben, mit der Gabel von der Mitte her verrühren. Milch nach und nach unterarbeiten. Mit Salz, Pfeffer und Cayennepfeffer würzen. Zu einem geschmeidigen Teig verquirlen.

3 Eine Schale mit dem Spinat auslegen. Öle, Essig, Salz und Pfeffer kräftig verquirlen.

4 Eiweiß zu halbsteifem Schnee schlagen. Etwas Teig unter das Eiweiß rühren. Dann das Eiweiß unter den Teig heben. Frittieröl erhitzen.

5 Dressing nochmals kräftig durchquirlen, gleichmäßig auf dem Spinat verteilen. Mit den gehackten Walnüssen bestreuen.

6 Pastinaken in den Teig tauchen und goldbraun frittieren. Auf Küchenpapier abtropfen lassen. Pastinaken auf dem Spinat anrichten.

Pastinaken-Kastanien-Kroketten

Nussige Kastanien und erdig-würzige Pastinaken ergeben eine ungewöhnlich feine kulinarische Kombination. Wenn Sie keine frischen Maronen bekommen, können Sie für dieses Rezept ebensogut gefrorene verwenden.

ZUTATEN

Für10–12 Stück

450 g Pastinaken, geschält, in Stücke geschnitten
115 g Esskastanien (frisch oder TK)
2 EL Butter
1 Knoblauchzehe, durchgepresst
1 EL frischer, gehackter Koriander
1 Ei, verquirlt
40–50 g Semmelbrösel
Pflanzenöl zum Frittieren
Salz, schwarzer Pfeffer aus der Mühle
Koriander zum Garnieren

1 Vorbereitete Pastinaken in leicht gesalzenem Wasser zum Kochen bringen und darin 15–20 Minuten garen.

2 Esskastanien in einen Topf mit Wasser geben. Aufkochen und 8–10 Minuten köcheln lassen. Abtropfen lassen, in eine Schüssel geben und zu Brei zerdrücken.

3 Butter schmelzen, Knoblauch darin kurz andünsten. Pastinaken abgießen und in der Knoblauchbutter zerstampfen. Kastanien und Koriander zugeben. Mit Salz und Pfeffer abschmecken.

4 Mit einem Löffel kleine Teigportionen abstechen und zu Kroketten formen. Kroketten zuerst in das verquirlte Ei tauchen, dann von allen Seiten in den Semmelbröseln wälzen.

5 Öl in einer Pfanne erhitzen, die Kroketten portionsweise 3–4 Minuten knusprig goldbraun braten. Ständig wenden, so dass sie gleichmäßig bräunen.

6 Auf Küchenpapier legen, damit das überschüssige Fett abtropfen kann. Heiß servieren. Mit Korianderblättchen garnieren.

Pfannengerührtes Saisongemüse mit Sesam

Die kleinen Minigemüsesorten eignen sich wegen ihres hübschen Aussehens besonders für dieses Gemüsegericht. Sesam unterstreicht die delikaten Aromen noch. Servieren Sie es als leichte Vorspeise oder zu einem Hauptgang.

ZUTATEN

Für 4–6 Portionen

10 neue Kartoffeln, halbiert
2 Bund junge Möhren
12–14 Minizucchini
2 EL Maiskeimöl
15 kleine Zwiebeln
2 EL Chilisoße
1 Knoblauchzehe, durchgepresst
1 haselnussgroßes Stück Ingwer, durch die Knoblauchpresse gedrückt
1 TL Salz
400 g Kichererbsen, abgetropft
10 Kirschtomaten
1 TL gemahlener Chili und 2 TL Sesam

1 Leicht gesalzenes Wasser in einem Topf mittlerer Größe zum Kochen bringen. Kartoffeln darin 12–15 Minuten garen. Dann Möhren und Zucchini zugeben, weitere 5 Minuten garen, bis alle Gemüsesorten gar sind.

2 Gemüse gut abtropfen lassen und zur Seite stellen.

3 Öl in einer tiefen, runden Pfanne oder im Wok erhitzen. Zwiebeln darin goldbraun braten. Hitze reduzieren, Chilisoße, Knoblauch, Ingwer und Salz zugeben. Darauf achten, dass die Mischung nicht anbrennt.

4 Kichererbsen zugeben und bei mittlerer Hitze weiterbraten, bis die Flüssigkeit verdampft ist.

5 Gekochtes Gemüse und Kirschtomaten zugeben. Bei mittlerer Hitze 2 Minuten weiterbraten, dabei mit einem Schöpflöffel rühren.

6 Mit gemahlenem Chili und Sesamsamen bestreuen und servieren.

VARIANTE

Lassen Sie Ihrer Phantasie freien Lauf und variieren Sie dieses Gericht mit den verschiedensten frischen Gemüsesorten der Saison. Es eignen sich zum Beispiel Mini-Maiskolben, grüne Bohnen, Zuckerschoten, Okraschoten, Erbsen oder Blumenkohlröschen.

Pfannengerührtes Frühlingsgemüse

Hübsch anzusehen und superzart: Frühlingsgemüse aus der Pfanne.

ZUTATEN

Für 4 Portionen

1 EL Erdnussöl
1 Knoblauchzehe, in Scheiben geschnitten
1 walnussgroßes Stück frischer Ingwer, geschält und fein gehackt
1/2 Bund Frühlingsmöhren
1 Mini-Squash
4 Mini-Maiskolben
115 g geputzte und halbierte grüne Bohnen
115 g Zuckerschoten, geputzt
115 g grüner Spargel, geputzt und in mundgerechte Stücke geschnitten
8 Frühlingszwiebeln, geputzt und in mundgerechte Stücke geschnitten
je 4 gelbe und rote Kirschtomaten

Für das Dressing

Saft von 2 Limetten
1 EL flüssiger Honig
1 EL Sojasoße
1 TL Sesamöl

1 Erdnussöl im Wok oder in einer Pfanne erhitzen.

2 Knoblauch und Ingwer zugeben und unter Rühren bei starker Hitze 1 Minute anbraten.

3 Möhren, Kürbisse, Mais und Bohnen zugeben, unter ständigem Rühren weitere 3–4 Minuten anbraten.

4 Zuckerschoten, Spargel, Frühlingszwiebeln und Tomaten zugeben. Nochmals 1–2 Minuten sautieren.

5 Dressingzutaten verquirlen und über das Gemüse gießen.

6 Gut vermischen. Pfanne bedecken und 2–3 Minuten weitererhitzen, bis das Gemüse gar, aber noch bissfest ist.

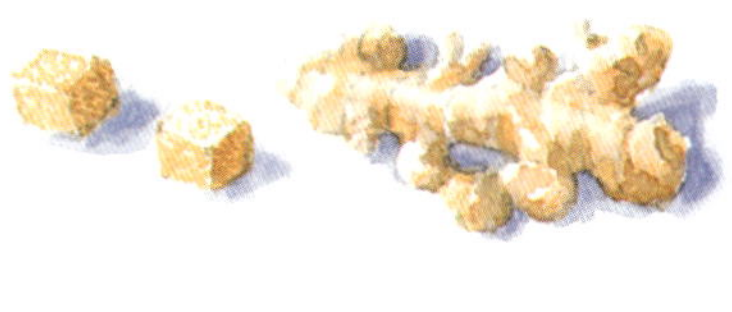

PROFI-TIPP

Beim Pfannenrühren ist alles in wenigen Augenblicken fertig. Am besten, Ihre Gäste sitzen schon.

Spargel mit Bratnudeln und Sprossen

Ein superschnelles Rezept, bei dem sich knackiges Gemüse mit weichen Nudeln harmonisch ergänzt.

ZUTATEN

Für 2 Portionen

115 g getrocknete Eiernudeln
4 EL Pflanzenöl
1 kleine Zwiebel, gehackt
1 walnussgroßes Stück frischer Ingwer, geschält und gehackt
2 Knoblauchzehen, durchgepresst
175 g grüner Spargel, geputzt und in lange Stücke geschnitten
115 g Sojabohnensprossen
4 Frühlingszwiebeln, in Ringe geschnitten
3 EL Sojasoße
Salz, schwarzer Pfeffer aus der Mühle

1 Salzwasser in einem kleinen Topf aufkochen. Nudeln darin 2–3 Minuten garkochen. Abtropfen lassen und mit 2 EL Öl mischen.

2 Restliches Öl in einer Bratpfanne erhitzen. Zwiebel, Ingwer und Knoblauch darin unter Rühren anbraten. Spargel zugeben und 2–3 Minuten mitbraten.

3 Eiernudeln und Sojabohnensprossen zugeben und weitere 2 Minuten unter Rühren braten.

4 Zuletzt die Frühlingszwiebeln unterheben. Mit Sojasoße, Salz und Pfeffer abschmecken.
Salz wegen der Sojasoße sparsam verwenden. Nochmals kurz erhitzen. Sofort servieren.

Frittierte Wurzeln mit Würzsalz

Sie können praktisch jedes Wurzelgemüse fein hobeln und zu Chips frittieren. Köstlich als Beilage zu orientalischem Essen oder einfach so zum Naschen.

ZUTATEN

Für 4–6 Portionen

1 Möhre

2 Pastinaken

2 rote Bete

1 Süßkartoffel

Erdnussöl zum Frittieren

1 Messerspitze Cayennepfeffer

1 TL grobes Meersalz

1 Wurzelgemüse schälen. Möhren und Pastinaken mit dem Sparschäler der Länge nach in Scheiben schneiden. Rote Bete und Süßkartoffel in hauchdünne Scheiben hobeln. Gemüsescheiben mit Küchenpapier abtupfen.

2 Einen Wok zur Hälfte mit Öl füllen. Öl auf 180 Grad erhitzen. Gemüse portionsweise darin 2–3 Minuten goldbraun frittieren. Auf Küchenpapier abtropfen lassen.

3 Cayennepfeffer und Meersalz in einen Mörser geben und grob zerstoßen.

4 Gemüsechips auf einer großen Platte anrichten und mit dem Würzsalz bestreut servieren.

PROFI-TIPP

Schneller geht's, wenn Sie das Gemüse auf einer guten Reibe oder in der Küchenmaschine hobeln.

Gemüse auf provenzalische Art

Schmeckt nach Urlaub. Das mediterrane Gemüse wird mit frischen Kräutern gewürzt.

ZUTATEN

Für 6 Portionen

1 Zwiebel, in Ringe geschnitten
2 Stangen Lauch (Porree), in Ringe geschnitten
2 Knoblauchzehen, durchgepresst
je 1 rote, gelbe und grüne Paprikaschote, entkernt und in Streifen geschnitten
350 g Zucchini, in Scheiben geschnitten
225 g Champignons, blättrig geschnitten
400 g Dosentomaten, gehackt
30 ml Portwein
2 EL Tomatenmark
1 EL Tomatenketschup
400 g Kichererbsen aus der Dose
115 g entsteinte schwarze Oliven
3 EL gehackte frische gemischte Kräuter
Salz, schwarzer Pfeffer aus der Mühle
gehackte Kräuter zum Garnieren

1 Zwiebeln, Lauch, Knoblauch, Paprika, Zucchini und Pilze in einen großen Topf geben.

2 Tomaten, Portwein, Tomatenmark und Ketschup zugeben. Alles gut vermischen.

3 Kichererbsen abspülen, abtropfen lassen und zugeben.

4 Zugedeckt zum Kochen bringen und 20–30 Minuten schmoren. Dabei ab und zu umrühren. Das Gemüse sollte gar, aber nicht verkocht sein.

5 Nach Belieben in den letzten 10 Minuten bei etwas stärkerer Hitze ohne Deckel leicht dicklich einkochen lassen.

6 Zuletzt Oliven und Kräuter unterheben. Mit Salz und Pfeffer abschmecken. Sofort mit frischen Kräutern bestreuen und servieren.

PROFI-TIPP

Dieses Gemüsegericht schmeckt auch kalt. Sie können es für ein Picknick vorbereiten und im Kühlschrank aufheben. Servieren Sie es dann mit Jogurt-Dip oder Zaziki.

HABITAT
JAPAN

Scharfe Kichererbsen

Kichererbsen werden überall in Indien häufig gegessen. Bei diesem Gericht sorgt Tamarinde, eine säuerliche Dattelart, für eine interessante Note.

ZUTATEN

Für 4 Portionen

225 g getrocknete Kichererbsen
50 g Tamarinden (Asialaden)
120 ml kochendes Wasser
3 EL Maiskeimöl
1/2 TL Kümmelsamen
1 Zwiebel, fein gehackt
2 Knoblauchzehen, durchgepresst
1 walnussgroßes Stück frischer Ingwer, geschält und fein gehackt
1 frische grüne Chilischote, fein gehackt
1 TL gemahlener Kümmel
1 TL gemahlener Koriander
1 Messerspitze gemahlenes Kurkuma
1/2 TL Salz
225 g Tomaten, gehäutet und fein gewürfelt
1/2 TL Garam Masala
gehackte Chilischoten und Zwiebelwürfel zum Garnieren

1 Kichererbsen in eine große Schüssel füllen. Mit Wasser bedecken und über Nacht einweichen.

2 Kichererbsen abgießen, in einen großen Topf geben. Die doppelte Menge Wasser zugeben. Zum Kochen bringen und 10 Minuten sprudelnd kochen. Schaum abschöpfen. Kichererbsen zugedeckt 1 1/2–2 Stunden weichköcheln lassen.

3 In der Zwischenzeit die Tamarinden aufbrechen und mit kochendem Wasser begießen. 15 Minuten einweichen. Dann durch ein Sieb in eine Schüssel streichen.

PROFI-TIPP

Bereiten Sie gleich die doppelte Menge Tamarindenmark zu und frieren Sie den Rest ein (ca. 2 Monate haltbar).

4 Öl in einem großen Topf erhitzen, die Kümmelsamen darin anbraten, bis sie zischen. Zwiebel, Knoblauch, Ingwer und Chili 5 Minuten mitbraten.

5 Kümmel, Koriander, Kurkuma und Salz zugeben, andünsten. Tomaten und Tamarindenmark zugeben, zum Kochen bringen und 5 Minuten schmoren lassen.

6 Kichererbsen und Garam Masala zugeben. Zugedeckt 45 Minuten köcheln lassen. Mit gehackter Chilischote und Zwiebelwürfeln garnieren.

Gebratenes Bohnenmus

Diese traditionelle mexikanische Spezialität ist ein Muss zu Tortillas und Gemüse-Chili.

ZUTATEN

Für 6–8 Portionen

350 g getrocknete rote Kidneybohnen, Pintobohnen oder schwarze Bohnen, verlesen und abgespült
2 Zwiebeln, fein gehackt
2 Knoblauchzehen, gehackt
1 Lorbeerblatt
1 grüne Chilischote (nach Belieben mehr)
2 EL Maiskeimöl
2 Tomaten, enthäutet, entkernt, gewürfelt
Salz
frischer Lorbeer zum Garnieren

1 Bohnen in einen großen Topf geben und so viel Wasser zugeben, dass sie gut bedeckt sind.

2 Die Hälfte der Zwiebeln, des Knoblauchs, Lorbeerblatt und Chili zugeben. Aufkochen und 10 Minuten sprudelnd kochen lassen. Eingeweichte Bohnen mit der Einweichflüssigkeit ebenfalls zum Kochen bringen und zugedeckt bei schwacher Hitze 30 Minuten simmern lassen. Gegebenenfalls Flüssigkeit auffüllen.

3 Wenn die Bohnen beginnen, schrumpelig zu werden, 1 EL Öl zugeben. Weitere 30 Minuten köcheln, bis die Bohnen weich sind. Mit Salz abschmecken und weitere 30 Minuten garen, möglichst ohne Flüssigkeit zuzugeben.

4 Bohnen vom Herd nehmen. Restliches Öl in einer kleinen Pfanne erhitzen. Restliche Zwiebel und Knoblauch darin glasig dünsten. Tomaten zugeben und für wenige Minuten miterhitzen.

5 Von den Bohnen einige Eßlöffel zur Tomatenmischung geben. Mit einer Gabel musig zerdrücken. Unter die Bohnen rühren, um sie damit anzudicken. Alles nochmals durcherhitzen. In kleinen Keramikschalen servieren und mit frischem Lorbeer garnieren.

Erbsen mit Perlzwiebeln und Sahne

Um in den vollen Genuß dieser Rezeptur zu kommen, verwenden Sie frische Erbsen und frische, junge Zwiebeln. Wenn sie nicht erhältlich sind, können Sie auf tiefgekühlte Erbsen ausweichen und Frühlingszwiebeln ohne Grün nehmen.

ZUTATEN

Für 4 Portionen

175 g kleine Perlzwiebeln
1 EL Butter
900 g frische Palerbsen (entspricht 350 g gepalten oder tiefgefrorenen)
150 ml Crème fraîche
15 g Mehl
10 ml gehackte frische Petersilie
nach Belieben 1-2 EL Zitronensaft
Salz, schwarzer Pfeffer aus der Mühle

1 Zwiebeln pellen, größere halbieren. Butter in einem feuerfesten Bräter zerlassen und die Zwiebeln bei mittlerer Hitze 5–6 Minuten dünsten, bis sie braune Stellen aufweisen.

2 Erbsen zugeben und unter Rühren einige Minuten anbraten. Mit 120 ml Wasser ablöschen und aufkochen. Bei nicht ganz geschlossenem Topf 10 Minuten köcheln, bis die Erbsen und Zwiebeln weich sind. Der Topfboden sollte knapp mit Flüssigkeit bedeckt sein. Wenn nötig, etwas Wasser zugießen. Oder, falls zuviel Wasser im Topf ist, offen weiterköcheln.

3 Mit einem Quirl Mehl und Sahne verrühren. Pfanne vom Herd nehmen, Sahne-Mehl-Mischung und gehackte Petersilie unterrühren. Mit Salz und Pfeffer abschmecken.

4 Bei schwacher Hitze 3–4 Minuten weiterköcheln, bis die Soße dicklich wird. Abschmecken. Nach Belieben etwas Zitronensaft zugeben.

Rotes Weinkraut mit Port

Süßsaures würziges Rotkraut, verfeinert mit Birnenstückchen und Walnusskernen.

ZUTATEN

Für 6 Portionen

1 EL Walnussöl
1 Zwiebel, in Ringe geschnitten
2 Sternanis
1 TL gemahlener Zimt
1 Prise gemahlene Nelken
450 g Rotkohl, fein gehobelt
2 EL brauner Zucker
3 EL Rotweinessig
300 ml Rotwein
150 ml Portwein
2 Birnen, entkernt und gewürfelt
115 g Rosinen
115 g Walnüsse
Salz, schwarzer Pfeffer aus der Mühle

1 Öl in einer feuerfesten Kasserolle erhitzen. Zwiebel darin glasig andünsten.

2 Sternanis, Zimt, Nelkenpulver und Kohl zugeben und weitere 3 Minuten dünsten.

PROFI-TIPP

Sie können den Kohl auch im Ofen 1 1/2 Stunden schmoren.

3 Zucker, Essig, Rotwein und Port unterrühren. Zugedeckt 10 Minuten köcheln. Dabei gelegentlich umrühren.

4 Birnen und Rosinen zum Rotkohl geben, weitere 10 Minuten garen, bis der Rotkohl weich ist. Mit Salz und Pfeffer abschmecken. Mit Walnüssen garniert servieren.

Rote-Bete-Gratin mit Sellerie

Dieser Gratin überzeugt durch seine tolle Farbe und das kräftige Wurzelaroma. Als Beilage ein echter Hingucker.

ZUTATEN

Für 6 Portionen

350 g rote Bete
350 g Knollensellerie
4 Stiele frischer Thymian, gehackt
6 Wacholderbeeren, zerstoßen
120 ml frischgepreßter Orangensaft
120 ml Gemüsebrühe
Salz, schwarzer Pfeffer aus der Mühle

1 Backofen auf 190 Grad (Gasherd: Stufe 5) vorheizen. Rote Bete und Sellerie schälen. Sellerie vierteln. Beides in sehr feine Scheiben hobeln.

2 Eine feuerfeste Auflaufform oder gußeiserne Pfanne (Durchmesser: ca. 25 cm) mit dem Gemüse auslegen. Abwechselnd rote Bete und Sellerie einschichten. Dabei jede Lage mit Thymian, Wacholder, Salz, Pfeffer würzen.

3 Orangensaft und Brühe vermischen, über den Auflauf gießen. Zuerst auf dem Herd kurz zum Kochen bringen, 2 Minuten bei mittlerer Hitze köcheln.

4 Mit Alufolie abdecken und 20–25 Minuten im Ofen backen. Folie entfernen und bei 200 Grad (Gasherd: Stufe 6) weitere 10 Minuten garen.

Knoblauch-Bohnen

Eine köstliche Kombination aus getrockneten und frischen Bohnen – mit einer gehörigen Portion gebratenem Knoblauch aufgepeppt.

ZUTATEN

Für 4 Portionen

225 g grüne Bohnenkerne (Flageolet)
1 EL Olivenöl
2 EL Butter
1 Zwiebel, fein gehackt
3–4 Knoblauchzehen, durchgepresst
3–4 Tomaten, gehäutet, gewürfelt
350 g grüne Bohnen, geputzt, entfädelt
150 ml Weißwein
150 ml Gemüsebrühe
2 EL gehackte frische Petersilie
Salz, schwarzer Pfeffer aus der Mühle

1 Grüne Bohnenkerne in einen großen Topf mit Wasser geben. Zum Kochen bringen und zugedeckt 45–60 Minuten garen.

2 Olivenöl und Butter in einer großen Pfanne erhitzen. Zwiebel und Knoblauch darin 3–4 Minuten glasig dünsten.

3 Dann die Tomatenwürfel zum Knoblauch geben und unter Rühren einige Minuten sanft andünsten.

4 Bohnenkerne in die Pfanne geben. Grüne Bohnen zufügen, mit Wein und Brühe ablöschen und leicht salzen. Zugedeckt weitere 5–10 Minuten köcheln.

5 Bei stärkerer Hitze Flüssigkeit etwas einkochen, Petersilie unterheben. Abschmecken.

Lima-Bohnen in Chilisauce

Ein kräftiges, feuriges Bohnengericht, das an kalten Winterabenden für innere Wärme sorgt.

ZUTATEN

Für 4 Portionen

450 g grüne Limabohnen (aufgetaut, wenn Sie TK-Bohnen verwenden)
2 EL Olivenöl
1 Zwiebel, fein gehackt
2 Knoblauchzehen, gehackt
350 g Tomaten, gehäutet, entkernt und gehackt
1-2 Jalapeño-Chilischoten aus dem Glas, abgetropft, entkernt und fein gewürfelt
Salz
gehackter Koriander zum Garnieren

1 Bohnenkerne in einem Topf mit Wasser 15–20 Minuten garen, bis sie weich sind. Abtropfen lassen und im zugedeckten Topf warm halten.

2 Olivenöl in einer großen Pfanne erhitzen. Zwiebel und Knoblauch darin unter Rühren glasig dünsten. Tomaten zugeben und dicklich einkochen.

3 Chilischoten 1–2 Minuten mitdünsten. Mit Salz würzen.

4 Mischung zu den Bohnen im Topf geben und überprüfen, ob sie heiß sind. Falls nicht, alles nochmal in die Pfanne geben und bei mittlerer Hitze erwärmen. In eine angewärmte Servierschüssel füllen und mit frischem Koriander garniert servieren.

Zucchini mit getrockneten Tomaten

Der fruchtig-säuerliche Geschmack von getrockneten Tomaten harmoniert prächtig mit Zucchini.

ZUTATEN

Für 6 Portionen

10 getrocknete Tomaten (aus der Tüte oder in Öl eingelegt, dann abgetropft)
175 ml warmes Wasser
5 EL Olivenöl
1 große Zwiebel, in Ringe geschnitten
2 Knoblauchzehen, fein gehackt
1 kg Zucchini, in Streifen geschnitten
Salz, schwarzer Pfeffer aus der Mühle

1 Getrocknete Tomaten in Streifen schneiden. Mit dem warmen Wasser übergießen und 20 Minuten ziehen lassen.

2 Öl in einer großen Pfanne oder einem weiten Topf erhitzen. Zwiebelringe darin unter Rühren glasig dünsten, aber nicht bräunen.

3 Dann den Knoblauch und die Zucchinistreifen zufügen. Die Mischung unter Rühren 5 Minuten weiterdünsten.

4 Zuletzt die Tomaten mit der Einweichflüssigkeit zugeben. Mit Salz und Pfeffer würzen. Bei etwas stärkerer Hitze die Zucchini bissfest garen. Abschmecken. Heiß oder kalt servieren.

Okraschoten-Tomaten-Topf

Okraschoten sind ein ausgesprochen feines Gemüse. Die beim Kochen austretende dickliche Flüssigkeit ist ein natürlicher Soßenbinder.

ZUTATEN

Für 6 Portionen

1 EL Olivenöl

1 Zwiebel, gehackt

350 g eingelegte rote Paprika, abgetropft

2 Dosen à 400 g Tomatenwürfel

275 g Okraschoten

2 EL frische gehackte Petersilie

Salz, schwarzer Pfeffer aus der Mühle

1 Öl in einem Topf mit schwerem Boden erhitzen. Zwiebel darin glasig dünsten.

2 Paprika grob hacken und zufügen. Tomaten aus der Dose zugeben. Alles gut mischen.

3 Von den Okras die Kappen abschneiden. Schoten je nach Größe der Länge nach halbieren oder vierteln. Zur Tomatensoße geben. Kräftig salzen und pfeffern.

4 Gemüsetopf zum Kochen bringen. Hitze reduzieren und 12 Minuten köcheln, bis das Gemüse gar und die Soße dicklich ist. Gehackte Petersilie unterheben und sofort servieren.

Karamelisierte Möhren mit Apfelwein

Einfacher geht's nicht: Möhren in wenig Flüssigkeit dünsten, um das Aroma optimal hervorzubringen. Ein guter Schuß Apfelwein sorgt für frische Säure.

ZUTATEN

Für 4 Portionen

450 g junge Bundmöhren
2 EL Butter
1 EL brauner Zucker
120 ml Apfelwein
60 ml Gemüsebrühe oder Wasser
1 TL Dijonsenf
1 EL fein gehackte frische Petersilie

1 Möhren putzen, mit dem Sparschäler schälen und mit einem scharfen Küchenmesser zu Juliennestreifen verarbeiten.

2 Butter in einer großen Pfanne zerlassen. Möhrenstreifen zugeben und unter Rühren 4–5 Minuten dünsten. Zucker darüberstreuen und unter Rühren erhitzen, bis er sich aufgelöst hat.

3 Apfelwein und Brühe oder Wasser zugeben, aufkochen, den Senf unterrühren. Pfanne zur Hälfte bedecken und 10–12 Minuten köcheln, bis die Möhren gar sind. Deckel entfernen und bei starker Hitze die Flüssigkeit dicklich einkochen lassen.

4 Vom Herd nehmen. Das Gemüse in eine angewärmte Servierschüssel umfüllen und mit Petersilie garnieren.

PROFI-TIPP

Wenn die Möhren gar sind, bevor die Flüssigkeit eingedickt ist, füllen Sie die Möhren zuerst in die Servierschüssel, und kochen die Soße erst dann auf die gewünschte Konsistenz ein.

Brokkoli-Blumenkohl-Gratin

Die grünen und weißen Kohlröschen ergeben ein hübsches Bild. Für sahnige Würze sorgt ein Guss aus Jogurt und geriebenem Käse.

ZUTATEN

Für 4 Portionen

1 kleiner Kopf Blumenkohl (ca. 250 g)
1 kleiner Kopf Brokkoli (ca. 250 g)
150 g Naturjogurt
75 g geriebener mittelalter Gouda
1 TL körniger Senf
30 ml Vollkornsemmelbrösel
Salz, schwarzer Pfeffer aus der Mühle

1 Blumenkohl und Brokkoli in kleine Röschen teilen und in leicht gesalzenem Wasser 8–10 Minuten bissfest garen. Gut abtropfen lassen und in eine feuerfeste Auflaufform füllen.

2 Jogurt, geriebenen Käse und Senf in einer Schüssel mischen, mit Salz und Pfeffer würzen. Gleichmäßig auf dem Gemüse verteilen.

3 Grill auf mäßige Hitze vorheizen. Semmelbrösel über den Auflauf streuen. Goldbraun überbacken. Heiß servieren.

PROFI-TIPP

Damit Blumenkohl- und Brokkoliröschen gleichmäßig garen, Strünke weit abschneiden. Dann lassen sie sich gut auseinanderpflücken.

Leichtes zu Mittag

Penne Rigate mit Mozzarella

Ein wunderbar leichter Salat mit warmen Nudeln. Nehmen Sie dazu am besten Büffel-Mozzarella – er schmeckt einfach besser.

ZUTATEN

Für 4 Personen

275 g Penne rigate
450 g Fleischtomaten
275 g Mozzarella, abgetropft
4 EL kaltgepresstes Olivenöl
1 EL Balsamessig
1 Zitrone (abgeriebene Schale und Saft)
Salz, Pfeffer aus der Mühle
1 Bund Basilikum, feingeschnitten, und ganze Basilikumblätter zum Garnieren

1 Die Nudeln nach Packungsvorschrift in reichlich Salzwasser al dente garen.

2 Die Tomaten vierteln und entkernen, das Fruchtfleisch in kleine Würfel schneiden. Den Mozzarella ebenfalls in kleine Würfel schneiden.

3 Das Olivenöl, den Balsamessig, die Zitronenschale, 1 Esslöffel Zitronensaft und das geschnittene Basilikum verrühren, mit Salz und Pfeffer abschmecken; Tomaten und Mozzarella damit anmachen und ziehen lassen.

4 Die Nudeln abgießen und mit der Tomaten-Mozzarella-Mischung vermengen. Auf tiefen Tellern anrichten, mit Basilikumblättern garnieren und sofort servieren.

Pappardelle auf provenzalische Art

Diese klassische südfranzösische Gemüsekomposition ergibt mit den breiten Bandnudeln ein farbenfrohes Gericht mit kräftigen Aromen.

ZUTATEN

Für 4 Personen

2 kleine rote Zwiebeln
150 ml Gemüsebrühe
1–2 Knoblauchzehen, durchgepresst
4 EL Rotwein
2 Zucchini, in Stäbchen geschnitten
1 gelbe Paprikaschote, entkernt und in Streifen geschnitten
400 g geschälte Tomaten
3 TL frische Thymianspitzen
1 TL Zucker
350 g Pappardelle
Salz, Pfeffer aus der Mühle
6 schwarze Oliven, entsteint

1 Die Zwiebeln schälen (dabei den Wurzelansatz belassen) und der Länge nach achteln – die Stücke werden durch den Wurzelansatz zusammengehalten; mit Brühe und Knoblauch aufkochen und zugedeckt 5 Minuten ziehen lassen.

2 Rotwein, Gemüse, 2 TL Thymian und den Zucker zugeben, mit Salz und Pfeffer abschmecken. Aufkochen und weitere 5–7 Minuten bei milder Hitze zugedeckt schmoren, dabei den Topf gelegentlich schwenken. Das Gemüse nicht übergaren – es soll leicht knackig sein.

3 Die Nudeln in reichlich Salzwasser (1 EL Salz auf 1 Liter Wasser) al dente kochen. Auf einem Durchschlag abtropfen lassen (nicht „abschrecken").

4 Die Nudeln auf einer gewärmten Schüssel anrichten, das Gemüseragout darüber schöpfen. Mit gehackten Oliven und dem restlichen garnieren.

Fusilli mit Paprika und Zwiebeln

Das Rösten der Paprikaschoten für dieses raffiniert-schlichte Pastagericht verstärkt ihren Eigengeschmack und gibt ihnen ein reizvolles rauchiges Aroma.

ZUTATEN

Für 4 Personen

je eine große rote und gelbe Paprikaschote
6 EL natives Olivenöl
1 große Zwiebel, geschält und in dünne Ringe geschnitten
2 durchgepresste Knoblauchzehen
400 g Fusilli oder andere Spiralnudeln
3 EL feingehackte glattblättrige Petersilie
Salz, Pfeffer aus der Mühle
frisch geriebener Parmesankäse als Garnitur

1 Die Paprikaschoten unter dem Grill oder im Backofen bei stärkster Hitze rösten, bis die Haut Blasen wirft. Die Schoten zum Abkühlen in eine Tüte packen und diese verschließen.

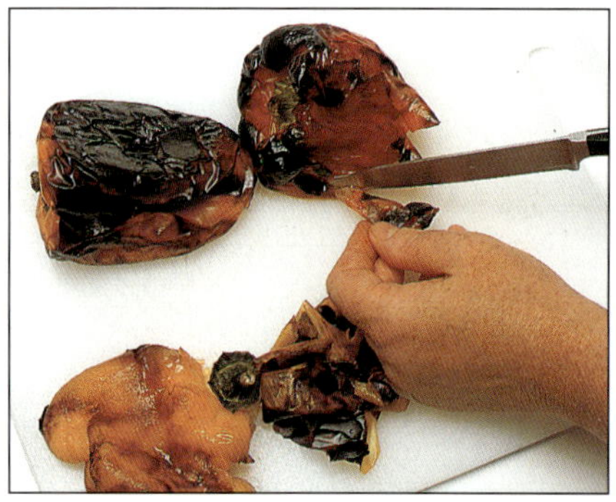

2 Die Haut der Paprika abrubbeln und abziehen. Die Schoten entkernen, das Fruchtfleisch in dünne Streifen schneiden. Wasser für die Nudeln aufsetzen.

3 In einer großen Pfanne das Öl erhitzen und die Zwiebeln darin glasig anschwitzen. Knoblauch zugeben und ebenfalls anschwitzen.

4 Das Nudelwasser salzen (1 EL Salz auf 1 Liter Wasser) und die Pasta darin al dente garen – d.h. die Nudeln sollen den Zähnen noch etwas Widerstand bieten.

5 Die Paprika zu den Zwiebeln geben, mit drei Esslöffeln Nudelwasser befeuchten, mit Salz und Pfeffer würzen, die Petersilie zugeben.

6 Die Nudeln abgießen, abtropfen lassen und in die Pfanne zur Gemüsemischung geben. 3–4 Minuten unter öfterem Schwenken der Pfanne erhitzen. Den Parmesankäse bei Tisch getrennt reichen.

PROFI-TIPP

Die in Südamerika beheimatete Paprikapflanze wurde von Kolumbus aus Haiti nach Spanien gebracht. Die heutigen bunten Gemüsepaprika-Sorten enthalten kein scharfes Capsaicin.

Pasta mit jungem Gemüse

In diesem leckeren Nudelgericht machen die zarten Pflänzchen und Wurzeln des Frühlings eine ausgezeichnete Figur.

ZUTATEN

Für 4 Personen

250 grüner Spargel, geputzt und in Stücke geschnitten
125 g Kaiserschoten, geputzt
125 g Baby-Zuckermaiskölbchen
250 g kleine Karotten
1 kleine rote Paprikaschote
1 Bund Lauchzwiebeln, in Ringe geschnitten
250 g Torchietti
150 g Hüttenkäse
150 g Magermilchjogurt
1 EL Zitronensaft
1 EL gehackte glatte Petersilie
evtl. etwas Milch
1 EL Schnittlauchröllchen
Salz, Pfeffer aus der Mühle

1 Den Spargel in siedendem Salzwasser 3–4 Minuten blanchieren. Nach der Hälfte der Zeit die Kaiserschoten zugeben. Beides herausnehmen, in Eiswasser abschrecken und abtropfen lassen.

2 Das übrige geputzte Gemüse nach Sorten getrennt auf die gleiche Weise garen, abschrecken und abtropfen lassen.

3 Die Nudeln in reichlich Salzwasser al dente kochen, abgießen und abtropfen lassen. Hüttenkäse mit Jogurt, Zitronensaft und Petersilie mixen, mit Salz und Pfeffer abschmecken. Eventuell etwas Milch zugeben, um die richtige Konsistenz zu erreichen.

4 Die Soße in einem großen Topf vorsichtig erwärmen, Gemüse und Nudeln darin schwenken. In einer gewärmten Schüssel anrichten, mit Schnittlauch bestreuen. Dazu paßt Ciabattabrot mit getrockneten Tomaten.

Penne mit Fenchel und Gorgonzola

Der anisartige Geschmack des Fenchels geht hier mit Tomaten und pikantem Blauschimmelkäse eine harmonische Verbindung ein.

ZUTATEN

Für 2 Personen

1 Fenchelknolle
250 g Penne oder Rigatoni
3 EL natives Olivenöl
1 Schalotte, geschält und fein gehackt
300 g pürierte Tomaten
1 Prise Zucker
1 TL Oreganoblätter, möglichst frische
125 g Gorgonzola
Salz, Pfeffer aus der Mühle

1 Die Fenchelknolle halbieren, Wurzelansatz und harte Teile entfernen, die zarten in feine Streifen schneiden.

2 Die Pasta in reichlich Salzwasser al dente garen – Kochzeit ca. 10 Minuten. Abgießen und kurz abtropfen lassen, in den Topf zurückgeben.

3 In einer kleinen Kasserolle das Öl erhitzen, den Fenchel darin bei starker Hitze anschwitzen; die Schalotte zugeben und ebenfalls glasig anlaufen lassen.

4 Tomatenpüree, Zucker und Oregano zugeben und zugedeckt 10–12 Minuten sanft köcheln, mit Salz und Pfeffer würzen. Die Soße über die Nudeln geben und gut durchmischen. Auf Tellern anrichten, den Gorgonzola darüber bröseln.

Chinesische Nudeln mit Erdnüssen

Fügen Sie diesem Gericht nach Lust und Laune Ihre Lieblingsgemüse zu – und mehr Chili, wenn Sie´s scharf mögen!

ZUTATEN

Für 4 Personen

200 g chinesische Eiernudeln
2 EL natives Olivenöl
2 durchgepresste Knoblauchzehen
1 große Zwiebel, grob gehackt
1 rote und 1 gelbe Paprikaschote, entkernt und grob gehackt
350 g Zucchini, kleingeschnitten
150 g geröstete ungesalzene Erdnusskerne, grob gehackt

Für die Soße

4 EL natives Olivenöl
1 Zitrone (abgeriebene Schale und Saft)
1 frische rote Chilischote, entkernt und fein gehackt
3 EL Schnittlauchröllchen
1–2 EL Balsamessig
Salz, Pfeffer aus der Mühle
Schnittlauchröllchen zum Garnieren

1 Die Nudeln nach Packungsvorschrift einweichen und kochen, gut abtropfen lassen.

2 Das Öl in einem Wok oder einer großen Pfanne erhitzen und Zwiebel und Knoblauch darin glasig anlaufen lassen. Paprika und Zucchini zufügen und weitere 15 Minuten bei mittlerer Hitze braten – das Gemüse soll leicht bräunen. Die Erdnüsse zugeben und eine Minute mitrösten.

3 Olivenöl, Zitronenschale, 3 EL Zitronensaft, Chili und Schnittlauch verrühren, mit Salz und Pfeffer abschmecken.

4 Die Nudeln zum Gemüse geben und unter Rühren erhitzen. Die Soße dazugeben, durchschwenken, anrichten und mit Schnittlauch bestreuen.

Pfannengemüse mit Cashewnüssen

Mit der chinesischen Methode des Pfannenrührens lassen sich schnell und einfach leckere Gerichte zaubern.

ZUTATEN

Für 4 Personen

1 kg gemischtes geputztes Gemüse (s. Profi-Tip)
2–4 EL Sonnenblumen- oder Olivenöl
2 Knoblauchzehen, fein gehackt
1 EL frisch geriebener Ingwer
50 g ungesalzene Cashewnüsse, ersatzweise Sonnenblumen- oder Kürbiskerne oder Sesamkörner
Sojasoße
Salz, Pfeffer aus der Mühle

1 Das Gemüse putzen und je nach Art kleinschneiden – Wurzelgemüse wie Möhren z.B. in streichholzfeine Streifen.

2 Einen Wok oder eine Pfanne gründlich vorheizen, dann das Öl hineinträufeln und durch Schwenken verteilen. Zuerst Knoblauch und Ingwer unter Rühren 2–3 Minuten anbraten, dann die festeren Gemüse dazugeben und ca. 5 Minuten garen, bis sie anfangen, weich zu werden.

3 Die zarten und weichen Gemüse zufügen und alles bei starker Hitze unter Rühren noch 3–4 Minuten braten.

4 Cashewnüsse oder andere Kerne untermischen, mit Sojasoße, Salz und Pfeffer abschmecken und sofort servieren. Dazu passt weißer Reis.

PROFI-TIPP

Verwenden Sie für dieses Gericht Pfannengemüse aus der Tiefkühltruhe – oder machen Sie je nach Jahreszeit Ihre eigene Komposition. Gut eignen sich Möhren, kleine Maiskölbchen, Pilze, aber auch Bambussprossen oder Wasserkastanien aus der Dose.

Glasnudeln mit Gemüse-Chili-Soße

Frischer Chilipfeffer und reichlich Korianderkraut geben diesem Gericht das besondere Aroma.

ZUTATEN

Für 4 Personen

1 EL Sonnenblumenöl
1 Zwiebel, fein gehackt
2 Knoblauchzehen, fein gehackt
1 frische rote Chilischote, entkernt und fein gehackt
1 rote Paprikaschote, geputzt und kleingeschnitten
2 Möhren, fein gestiftelt
175 g Baby-Maiskölbchen, halbiert
225 g Bambussprossen in Scheiben
400 g rote Kidneybohnen aus der Dose, Abgespült und abgetropft
300 g passierte Tomaten
1 EL Sojasoße
1 TL gemahlene Korianderkörner
250 g Glasnudeln
2 EL gehacktes Korianderkraut
Salz, Pfeffer aus der Mühle
Glattblättrige Petersilie zum Garnieren

1 Zwiebel, Knoblauch, Chili und Paprika im Öl anschwitzen und 5 Minuten bei mittlerer Hitze unter Rühren garen. Möhren, Maiskölbchen, Bambussprossen, Bohnen, passierte Tomaten, Sojasoße und gemahlenen Koriander zugeben und gut durchmischen.

2 Aufkochen und zugedeckt bei schwacher Hitze 30 Minuten schmoren, bis das Gemüse gar ist. Mit Salz und Pfeffer abschmecken.

3 Während das Gemüse gart, die Glasnudeln nach Packungsvorschrift mit kochendem Wasser überbrühen, 3–4 Minuten einweichen und mit einer Gabel lockern. Abtropfen lassen.

4 Das Korianderkraut in die Soße rühren. Die Nudeln in gewärmten Schalen anrichten, die Soße darüber schöpfen. Mit frischer Petersilie bestreuen. Dazu passt grüner Tee.

Frittata mit getrockneten Tomaten

Die sonnengetrockneten Tomaten geben diesem Omelett eine köstliche mediterrane Note.

ZUTATEN

Für 3-4 Personen

- 6 gedörrte Tomaten, trocken oder abgetropfte aus dem Öl
- 4 EL natives Olivenöl
- 1 kleine Zwiebel, fein gehackt
- 1 TL frische Thymianspitzen
- 6 Eier
- 50 g frisch geriebener Parmesankäse
- Salz, Pfeffer aus der Mühle

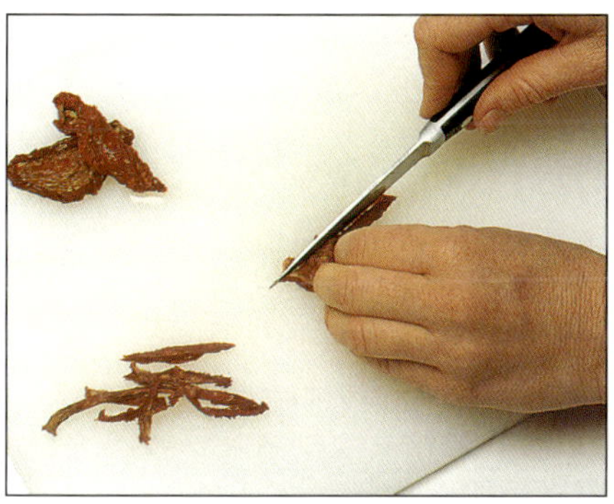

1 Die Tomaten in einer kleinen Schüssel 15 Minuten lang in wenig heißem Wasser einweichen und in schmale Streifen schneiden. Das Einweichwasser verwahren.

2 In einer Pfanne mit Antihaftbeschichtung das Öl erhitzen und die Zwiebel darin leicht anbräunen. Die Tomaten und den Thymian dazugeben und weitere 2-3 Minuten anschwitzen. Mit Salz und Pfeffer würzen.

3 Die Eier in eine Schüssel schlagen und mit einer Gabel leicht verquirlen. 3–4 Esslöffel vom Tomaten-Einweichwasser und den frisch geriebenen Parmesankäse dazugeben.

4 Die Hitze unter der Pfanne erhöhen. Sobald das Öl zischt, die Eier hineingeben und mit den übrigen Zutaten vermischen. Auf mittlere Hitze zurückschalten und weitere 4-5 Minuten braten – die Frittata soll auf der Unterseite goldbraun sein.

5 Die Pfanne mit einem großen Teller oder einem Topfdeckel bedecken und das Ganze mithilfe von Topfhandschuhen kopfüber wenden. Die Frittata in die Pfanne zurückgleiten lassen und die andere Seite 3-4 Minuten braten. Dieses italienische Omelett ist warm oder kalt gleichermaßen köstlich. Zum Servieren wird es in Tortenstücke geschnitten.

Kartoffel-Gnocchi

Gnocchi sind kleine Klößchen aus gekochten Kartoffeln und Weizenmehl. Sie sollen leicht und locker sein. Der Teig darf nur kurz geknetet werden. Römische Gnocchi werden aus Grieß hergestellt.

ZUTATEN

Für 4-6 Personen

1 kg festkochende Kartoffeln
Salz
250–300 g Weizenmehl
1 Ei
Muskatnuss
25 g Butter
frisch geriebener Parmesankäse

1 Die Kartoffeln unter fließendem Wasser sauber-bürsten, mit Wasser und einem Esslöffel Salz zum Kochen bringen und zugedeckt bei schwacher Hitze garen. Abgießen, kalt abschrecken und noch heiß pellen.

VARIATION

Durch Zugabe von Spinat erhalten Sie grüne Gnocchi. Auf ein Kilo Kartoffeln brauchen Sie ca. 700 g frischen oder 400 g tiefgekühlten Spinat. Der blanchierte, gut abgetropfte feingehackte Spinat wird gleich zu Beginn in den Teig eingearbeitet (Schritt 2). Grüne Gnocchi schmecken besonders gut mit einer cremigen Gorgonzola-Soße oder ganz schlicht mit fruchtigem Olivenöl beträufelt. Gnocchi eigenen sich auch als Suppeneinlage

2 Etwas Mehl auf die Arbeitsfläche geben und die noch heißen Kartoffeln darüber pürieren. Die Hälfte des restlichen Mehls darüberstreuen und vorsichtig mit den Kartoffeln vermischen.

3 Das Ei hineinschlagen, das Ganze mit Salz und Muskatnuss würzen und zu einem gleichmäßigen Teig verarbeiten; nach Bedarf weiteres Mehl dazugeben. Der Teig ist fertig zum Rollen, wenn er sich nicht mehr klebrig anfühlt.

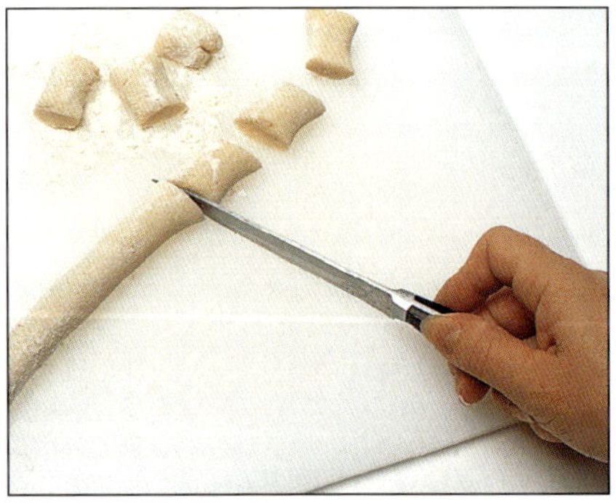

4 Den Teig in vier Teile teilen und auf einem bemehlten Brett zu zwei Zentimeter dicken Rollen formen – den Teig dabei möglichst wenig kneten. Die Rollen in zwei Zentimeter lange Stücke schneiden.

5 Die Teigstücke mit sanftem Druck über die Zinken einer Gabel rollen, vom Stiel zur Spitze hin. Die Gnocchi sollen auf der einen Seite ein Rillenmuster, auf der anderen eine Delle vom Abdruck Ihres Daumens bekommen.

6 Die Gnocchi in reichlich siedendem Salzwasser in zwei Portionen garen.

7 Die Gnocchi sind gar, wenn sie nach 3-4 Minuten an die Oberfläche steigen. Mit dem Sieblöffel herausnehmen und in eine gewärmte Schüssel geben. Mit zerlassener Butter oder einer beliebigen Pasta-Soße schwenken. Oder einfach mit frisch geriebenem Parmesan bestreuen.

Gefüllte Tortillas

Tortillas sind dünne mexikanische Brotfladen. Aus Mehl, Wasser und Salz einen geschmeidigen Teig kneten, dünn ausrollen und auf einem heißen Blech oder in der Pfanne ohne Fett backen.

ZUTATEN

Für 2 Personen

1 Zwiebel
je 1 rote, gelbe und grüne Paprikaschote
1 Knoblauchzehe, fein gehackt
250 g Champignons
6 EL Pflanzenöl
2 EL mittelscharfe Chili-Würzmischung
Salz, Pfeffer aus der Mühle

Für die Guacamole

1 reife Avocado
1 Schalotte, grob gehackt
1 frische grüne Chilischote, grob gehackt
Saft einer Limette

Zum Anrichten

4–6 Weizenmehl-Tortillas, angewärmt
1 Limette
Frisches Korianderkraut

1 Die Zwiebel pellen und in Ringe schneiden, Paprikaschoten halbieren, entkernen und in Streifen schneiden. Beides mit dem Knoblauch mischen.

2 Die Pilze putzen und entstielen, die Hüte in Scheiben schneiden und zur Gemüsemischung geben. Öl mit Chilipulver verrühren und über das Gemüse geben, gut durchmischen. (Pilzstiele trocknen und für eine Brühe verwenden.)

3 Für die Guacamole die Avocado halbieren, entsteinen und schälen. Das Fruchtfleisch mit Schalotte, grüner Chili und Zitronensaft pürieren, mit Salz und Pfeffer abschmecken.

4 Das Ganze gründlich durchmixen und in einer zugedeckten Schüssel bis zum Servieren kalt stellen.

5 Das marinierte Gemüse in einem Wok oder einer Bratpfanne bei starker Hitze 5-6 Minuten unter Rühren braten – Pilze und Paprikaschoten sollen gerade eben weich sein. Das Gemüse auf die Tortillas verteilen, diese aufrollen, mit Koriandergrün und Limettenschnitzen garnieren. Die Guacamole dazu reichen.

Gebackene Eier mit Lauch

Dieser französische Klassiker lässt sich mit verschiedenen Gemüsesorten vielfach variieren. Probieren Sie es mal mit Ratatouille oder Spinat als Grundlage.

ZUTATEN

Für 4 Personen

15 g Butter und Butter für die Formen
250 g junger Lauch, in feine Ringe geschnitten
6 EL süße Sahne
Muskatnuss
4 Eier
Salz, Pfeffer aus der Mühle

1 Den Backofen auf 190 Grad vorheizen (Gasherd: Stufe 5). 4 ofenfeste Förmchen großzügig mit Butter ausstreichen.

2 Die Butter in einer Pfanne zerlassen und die Lauchringe darin bei mittlerer Hitze anschwitzen, aber nicht bräunen.

3 Den Lauch mit 3 Esslöffeln Sahne ablöschen und noch ca. 5 Minuten köcheln lassen. Mit Salz, Pfeffer und Muskatnuss würzen.

4 Die Förmchen in eine größere Ofenform stellen, den Lauch auf die Förmchen verteilen. Ein Ei in jedes Förmchen schlagen, mit der restlichen Sahne beträufeln, mit Salz und Pfeffer würzen.

5 Rund um die Förmchen bis zu deren halber Höhe kochendes Wasser angießen und das Ganze für ca. 10 Minuten in den Backofen stellen – das Eiweiß soll eben gestockt, das Dotter noch flüssig sein.
Dazu schmeckt ein trockener Weißwein.

VARIATION

Gehackte frische Kräuter in die Förmchen geben, mit Sahne beträufeln, ein Ei darauf, mit geriebenem Käse bestreuen und ab in den Backofen!

Chinesische Champignons

Tofu enthält reichlich Eiweiß und kaum Fett. Mit diesem Sojakäse lassen sich im Handumdrehen leckere kleine Gerichte zubereiten.

ZUTATEN

Für 4 Personen

8 große Champignons
3 Lauchzwiebeln
1 Knoblauchzehe
2 EL chinesische Pilzsoße
250 g frischer Tofu, fein gewürfelt
200 g Maiskörner aus der Dose
2 TL Sesamöl
Salz, Pfeffer aus der Mühle

1 Den Backofen auf 200 Grad vorheizen. Champignons putzen, die Stiele fein hacken und mit feingeschnittenen Frühlingszwiebeln, gehacktem Knoblauch und Pilzsoße mischen.

2 Tofu und Maiskörner dazugeben, mit Salz und Pfeffer abschmecken und die Pilzhüte mit der Mischung füllen.

3 Die Ränder der Pilze mit Sesamöl einpinseln, die Pilze in eine ofenfeste Form geben und im Backofen 12-15 Minuten garen – die Champignons sollen gerade eben weich sein. Sofort servieren.

PROFI-TIPP

Das Gericht mit leichter japanischer Sojasoße statt Pilzsoße zubereiten.

Pikante Nuss-Terrine

Diese leckere Terrine eignet sich ideal für ein Picknick. Sie schmeckt kalt ebenso gut wie warm.

ZUTATEN

Für 4 Personen

1 EL Olivenöl und Öl für die Form
1 Zwiebel, fein gehackt
1 Stange Lauch, fein geschnitten
2 Stengel Bleichsellerie, gehackt
250 g Champignons, klein geschnitten
2 Knoblauchzehen, durchgepresst
450 g gegarte Linsen, abgetropft
125 g gemischte Nusskerne, z.B. Haselnüsse, Cashews und Mandeln, fein gehackt
50 g Mehl
50 g geriebener pikanter Cheddarkäse
1 Ei Größe 3
3-4 EL gehackte frische Kräuter
Salz, Pfeffer aus der Mühle
Schnittlauch und glattblättrige Petersilie zum Garnieren

1 Den Backofen auf 190 Grad vorheizen (Gasherd: Stufe 5). Eine 1-Liter-Kastenform leicht ausfetten und mit Backpapier auslegen.

2 Das Öl in einer Kasserolle erhitzen, das vorbereitete Gemüse darin anschwitzen und 10 Minuten unter gelegentlichem Rühren bei milder Hitze garen.

3 Die Linsen, die Nüsse, das Mehl, den Käse, das verquirlte Ei und die Kräuter zugeben und alles gründlich durchmischen.

4 Diese Mischung in die vorbereitete Form füllen, dabei gut in die Ecken drücken, so dass keine Luftblasen bleiben. Die Oberfläche glatt streichen und die Terrine 50 bis 60 Minuten backen. Die Oberfläche soll leicht gebräunt, die Masse fest sein.

5 Die Terrine etwas abkühlen lassen und auf eine Platte stürzen; in Scheiben schneiden und mit Petersilie und Schnittlauch garnieren.

Pikante Bohnen-Linsen-Terrine

Eine delikate Vorspeise voller Vitamine und Ballaststoffe.

ZUTATEN

Für 12 Personen

2 TL natives Olivenöl
1 Zwiebel, fein gehackt
1 Knoblauchzehen, durchgepresst
2 Stengel Bleichsellerie, fein gehackt
400 g gegarte rote Kidneybohnen (evtl. aus der Dose)
400 g gegarte Linsen
1 Ei
1 Möhre, grob geraspelt
50 g geriebener pikanter Cheddarkäse
50 g frische Vollkorn-Semmelbrösel
1 EL Tomatenmark
1 EL Tomatenketschup
je 1 TL gemahlener Kreuzkümmel, Koriander und Cayennepfeffer
Salz, Pfeffer aus der Mühle
Butter für die Form
Salatblätter für die Garnitur

1 Den Backofen auf 180 Grad (Gasherd: Stufe 4) vorheizen; eine 1-Liter-Kastenform einfetten.

2 In einer Kasserolle das Öl erhitzen, Zwiebel, Knoblauch und Sellerie 5 Minuten unter Rühren anschwitzen, abkühlen lassen.

3 Linsen und Bohnen auf einem Durchschlag mit Wasser überbrausen, abtropfen lassen. Mit dem Gemüse und dem Ei in der Messermühle fein pürieren.

4 Die übrigen Zutaten untermischen, mit Salz und Pfeffer abschmecken.

5 Die Masse in die vorbereitete Form füllen, die Oberfläche glatt streichen und die Terrine etwa eine Stunde backen. Vor dem Stürzen etwas abkühlen lassen. In Scheiben schneiden und mit einem Salat servieren.

Gefüllte Champignons

Ein klassisches Pilzgericht mit kräftigem Knoblauch-Aroma. Verwenden Sie dafür die großen „Füllchampignons" – die braunen haben den meisten Geschmack.

ZUTATEN

Für 4 Personen

500 g große Champignons
Butter für die Form
5 EL natives Olivenöl
2 Knoblauchzehen, fein gehackt
3 EL feingehackte glatte Petersilie
50 g „mie de pain"-Brösel von frischem Weißbrot
Salz, Pfeffer aus der Mühle
Petersilie für die Garnitur

1 Die Backröhre auf 180 Grad (Gasherd: Stufe 4) vorheizen. Die Pilze entstielen, die Stiele verwahren.

2 Die Pilze mit der offenen Seite nach oben in eine gebutterte Auflaufform legen.

3 Eine Pfanne erhitzen und den Knoblauch in einem Esslöffel Öl kurz anschwitzen. Pilzstiele und Petersilie fein hacken, mit Bröseln, Knoblauch und einem Esslöffel Öl gründlich mischen, mit Salz und Pfeffer abschmecken, die Pilze mit der Masse füllen.

4 Das restliche Öl über die Pilze träufeln und das Ganze mit gebuttertem Backpapier abdecken. 15-20 Minuten backen, die letzten fünf Minuten das Papier abnehmen, damit Pilze und Füllung eine appetitlich braune Kruste bekommen.

Geschmorte Zwiebeln mit Feta

Mit Olivenbrot ergeben diese Zwiebeln mit Käse und Pinienkernen einen wunderbaren Lunch.

ZUTATEN

Für 4 Personen

4 große rote Zwiebeln
1 EL Olivenöl
25 g Pinienkerne
125 g Fetakäse, zerbröselt
25 g frische Weißbrot-Brösel
1 EL gehacktes Korianderkraut
Salz, Pfeffer aus der Mühle

1 Den Backofen auf 180 Grad vorheizen (Gasherd: Stufe 4). Eine ofenfeste Form leicht einölen. Die Zwiebeln pellen, oben und unten flach schneiden und in siedendem Salzwasser 10–12 Minuten garen.

2 Die Zwiebeln aus dem Wasser nehmen und auf Küchenkrepp abtropfen und abkühlen lassen.

3 Die Zwiebeln mit einem kleinen Messer, einem Kugelausstecher oder einfach mit den Fingern aushöhlen – zwei bis drei Schichten sollen bleiben. Das Innere fein hacken; die Zwiebeln in die ofenfeste Form setzen.

4 Das Öl in einer Pfanne erhitzen und die Zwiebeln darin 4–5 Minuten leicht anrösten; die Pinienkerne zugeben und ebenfalls einige Minuten rösten.

5 Den zerkrümelten Fetakäse mit Zwiebeln und Pinienkernen, Brotkrumen und Koriander mischen, mit Salz und Pfeffer abschmecken.

6 Die Zwiebeln mit der Mischung füllen, locker mit Alufolie abdecken und etwa eine halbe Stunde backen. Die letzten zehn Minuten die Folie entfernen, damit Zwiebeln und Füllung bräunen können. Heiß auf den Tisch bringen.

Zwiebeltörtchen mit Ziegenkäse

Für diese Variante der klassischen Tarte à l'Oignon werden Sahne und Ziegen-Frischkäse verwendet – er ist mild und cremig und verbindet sich ausgezeichnet mit dem Aroma der gerösteten Zwiebeln.

ZUTATEN

Für 8 Personen

175 g Mehl Typ 405
65 g Butter
25 g geriebener Ziegen-Cheddar (oder -Gouda)

Für die Füllung

1 EL Oliven-oder Sonnenblumenöl
3 Zwiebeln, fein gescheibelt
175 g Ziegen-Frischkäse (z.B. Snöfrisk)
2 Eier, aufgeschlagen
1 EL süße Sahne
50 g geriebener Ziegen-Cheddar
1 EL feingehackgter Estragon
Salz, Pfeffer aus der Mühle

1 Das Mehl in eine Schüssel sieben, kleingewürfelte Butter mit den Fingern oder den Knethaken eines Rührgeräts einarbeiten, bis Streusel entstanden sind. Den Käse und so viel kaltes Wasser einarbeiten, wie für einen konsistenten Teig nötig ist. Zur Kugel formen, einwickeln, kalt stellen. Ofen auf 190 Grad vorheizen.

2 Den Teig auf einer bemehlten Fläche dünn ausrollen, 8 Kreise von 12 cm Durchmesser ausstechen und 10 cm-Muffin-Förmchen damit auslegen, 10-15 Minuten backen. Den Ofen auf 180 Grad zurückschalten.

3 In einer großzügig bemessenen Pfanne die Zwiebel im Öl bei mäßiger Hitze bräunen – das dauert 20–25 Minuten. Öfter wenden, damit nichts anbrennt.

4 Ziegenfrischkäse mit Eiern, Sahne, Cheddar und Estragon mixen, mit Salz und Pfeffer abschmecken und die gerösteten Zwiebeln unterziehen.

5 Die Käsemischung in die vorgebackenen Teigschalen füllen und das Ganze weitere 20-25 Minuten backen – die Oberfläche soll goldbraun sein. Am besten warm mit einem grünen Salat servieren. Dazu paßt ein Grüner Veltliner.

Knusprige Mais-Käse-Beutelchen

Diese leckeren Törtchen sind ganz einfach zu machen. Backen Sie am besten gleich die doppelte Menge – sie gehen weg wie warme Semmeln.

ZUTATEN

Ergibt 18–20 Stück

250 g Zuckermaiskörner
125 g Fetakäse
1 Ei, aufgeschlagen
2 EL süße Sahne
15 g frisch geriebener Parmesan
3 Lauchzwiebeln, in Ringe geschnitten
Strudelteig oder türkischer Blätterteig
125 g zerlassene Butter
Pfeffer aus der Mühle

1 Den Backofen auf 190 Grad vorheizen (Gasherd: Stufe 5). Zwei Backbleche leicht einölen.

2 Bei Verwendung von frischem Zuckermais die Körner mit einem scharfen Messer vom Kolben lösen – an der Spitze beginnen. Die Körner 3–5 Minuten in ungesalzenem Wasser garen. Dosenmais mit Wasser überbrausen und abtropfen lassen.

3 Den Feta zerbröseln und mit den Maiskörnern mischen. Eier, Sahne und Lauchzwiebeln dazugeben, mit Pfeffer würzen, gut durchrühren.

4 Den Teig zu Quadraten von 15 Zentimeter Seitenlänge schneiden, mit Butter einpinseln und dann doppelt falten, so dass vierlagige Quadrate von 7,5 Zentimeter Seitenlänge entstehen. Die restlichen Teigblätter mit einem feuchten Tuch abdecken.

5 Je einen Löffel Füllung in die Mitte geben, den Teig zu einem Beutel falten und durch Zusammendrücken schließen.

6 Weitere Beutelchen herstellen, bis die Zutaten verbraucht sind. Auf Backbleche legen, mit der restlichen Butter einpinseln und in ca. 15 Minuten goldbraun backen. Heiß mit einem Salat servieren.

Käse-Spinat-Torte

Diese Torte lässt sich gut einfrieren und wieder aufbacken. Sie eignet sich ideal für ein festliches Büffet.

ZUTATEN

Für 8 Personen

125 g Butter
250 g Mehl Typ 405
1/2 TL englisches Senfpulver
1/2 TL scharfer Paprika
eine kräftige Prise Salz
125 g geriebener Cheddarkäse
1 verquirltes Ei zum Bestreichen

Für die Füllung

450 g tiefgekühlter Spinat
1 Zwiebel, fein gehackt
Muskatnuss
250 g Hüttenkäse oder Quark
2 Eier Größe 2, aufgeschlagen
50 g frisch geriebener Parmesankäse
150 ml süße Sahne
Salz, Pfeffer aus der Mühle

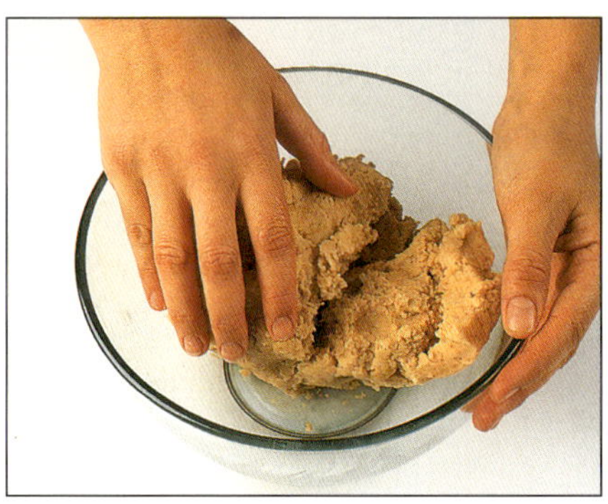

1 Die Butter in kleine Würfel schneiden, mit dem Mehl zu Streuseln verreiben. Senfpulver, Paprika, Salz und Käse dazugeben, alles mit 3-4 Esslöffeln Wasser zu einem glatten Teig kneten. In Folie wickeln, 30 Minuten kalt stellen.

2 In einer Kasserolle die Zwiebel mit etwas Öl anschwitzen, den Spinat dazugeben, zugedeckt bei schwacher Hitze auftauen. Mit Salz, Pfeffer und Muskatnuss würzen. In einer Schüssel mit den übrigen Zutaten der Füllung vermengen.

3 Zwei Drittel des Teigs rund ausrollen und eine gefettete 23-cm-Springfrom damit auslegen; gut andrücken, den überstehenden Rand mit dem Rollholz abtrennen. Die Füllung auf dem Boden verteilen.

4 Den Backofen auf 200 Grad vorheizen (Gasherd: Stufe 6).

5 Den übrigen Teig ausrollen und mit einer Spezialwalze („Linzertorten-Walze“) zu einem Geflecht schneiden (oder Streifen schneiden und über Kreuz legen) und die Torte damit bedecken. Das Geflecht mit verquirltem Ei bestreichen und die Torte 35-40 Minuten goldbraun backen. Heiß oder kalt servieren.

Gado Gado

Die Erdnuss-Soße dieses indonesischen Gerichts erhält durch Galangthwurzel, den sogenannten Thai-Ingwer, ihr besonderes Aroma.

ZUTATEN

Für 4 Personen

250 g fein gehobelter Weißkohl
4 Möhren und 4 Stengel Bleichsellerie, Streichholz-fein geschnitten
250 g Mungobohnen Sprossen
1/2 Gurke, Streichholz-fein gestiftelt
Röstzwiebeln, gesalzene Erdnüsse und frische Chilistreifen als Garnitur

Für die Erdnuss-Soße

1 EL Erdnussöl
1 kleine Zwiebel, fein gehackt
1 Knoblauchzehe, durchgepresst
1 kleines Stück Galangthwurzel, geschält und gerieben
1 TL gemahlener Kreuzkümmel
1/4 TL Cayennepfeffer
1 TL Tamarindenpaste oder Limettensaft
60 g Erdnusspaste mit Stücken
1 TL brauner Rohrzucker

1 Kohl, Möhren und Sellerie 3-4 Minuten dämpfen, abkühlen lassen. Die gewaschenen und abgetropften Bohnensprossen auf einer Platte ausbreiten, das gedämpfte Gemüse und die Gurke darauf verteilen.

2 Für die Soße das Öl erhitzen, Zwiebel und Knoblauch darin 5 Minuten bei sanfter Hitze anschwitzen.

3 Die Gewürze zugeben und eine Minute anschwitzen. Die übrigen Zutaten zufügen und alles gut durchrühren.

4 Die Soße vorsichtig unter Rühren erhitzen, eventuell noch etwas heißes Wasser zufügen, um die Konsistenz einzustellen – die Soße soll dünnflüssig genug sein, um das Gemüse zu überziehen.

5 Das Gemüse mit einigen Esslöffeln Soße anmachen, mit Röstzwiebeln, Erdnüssen und Chilistreifen garnieren. Die restliche Soße getrennt dazu reichen.

PROFI-TIPP

Bei diesem Gericht können Sie die Gemüse-Komposition nach Belieben verändern. Nehmen Sie das Frischeste vom Markt oder aus der Speisekammer.

Frittatastreifen mit Tomatensoße

Dieses kalte Kräuteromelett mit würziger Tomatensoße ist ideal für einen sommerlichen Lunch.

ZUTATEN

Für 3-4 Personen

6 Eier

2 EL feingehackte frische Kräuter, z.B. Basilikum, Petersilie, Thymian und Estragon

40 g frisch geriebener Parmesankäse

3 EL natives Olivenöl

Salz, Pfeffer aus der Mühle

Für die Tomatensoße

2 EL natives Olivenöl

1 kleine Zwiebel, fein gehackt

350 g frische Tomaten oder 400 g abgetropfte Dosentomaten, grob gehackt

1 Knoblauchzehe, fein gehackt

Salz, Pfeffer aus der Mühle

1 Für die Frittata die Eier in eine Schüssel schlagen und mit einer Gabel leicht aufschlagen. Kräuter und Parmesan zugeben, mit Salz und Pfeffer würzen. Eine Pfanne gut vorheizen und das Öl hineingeben – es soll aber nicht rauchen.

2 Die Eimischung in die Pfanne gießen, ohne zu rühren stocken lassen und braten, bis die Unterseite goldbraun ist.

3 Die Pfanne mit einem großen Teller oder einem Topfdeckel bedecken und das Ganze beherzt kopfüber wenden – benutzen Sie dabei Topfhandschuhe. (Alte Küchenhasen wenden die Frittata mit einem Salto in der Luft.) Das Omelett in die Pfanne zurückgleiten lassen und die andere Seite bräunen.

4 Für die Soße das Öl in einer Kasserolle erhitzen und die Zwiebel darin bei mittlerer Hitze anschwitzen. Tomaten, Knoblauch und 4 Esslöffel Wasser oder Tomatensaft zugeben, mit Salz und Pfeffer würzen und zugedeckt ca. 15 Minuten köcheln lassen.

5 Vom Herd nehmen, leicht abkühlen lassen und durch ein Gemüse-Mouli oder ein Sieb passieren. Erkalten lassen.

6 Zum Anrichten die Frittata in Streifen schneiden und mit der Soße anmachen. Gekühlt oder bei Zimmertemperatur servieren.

Ratatouille

Der südfranzösische Eintopf aus frischem Gemüse und Kräutern ist ein Klassiker der vegetarischen Küche.

ZUTATEN

Für 4 Personen

2 große Auberginen, in Würfel geschnitten
4 Zucchini, in Würfel geschnitten
150 ml natives Olivenöl
2 Zwiebeln, in Scheiben geschnitten
2 Knoblauchzehen, gehackt
1 große rote und 2 gelbe Paprikaschoten, entkernt und kleingeschnitten
1 Zweig frischer Rosmarin
1 Zweig Thymian
1 TL zerstoßene Korianderkörner
3 Fleischtomaten, abgezogen, entkernt und klein geschnitten
8 große Blätter Basilikum
Salz, Pfeffer aus der Mühle
Frisches Basilikum oder Petersilie als Garnitur

1 Auberginen und Zucchini mit Salz bestreuen, in einen Durchschlag geben, mit einem Teller und einem Gewicht (z.B. Konservendose) beschweren, 30 Minuten stehen lassen.

2 Das Öl in einem großen Schmortopf erhitzen, die Zwiebel darin 6-7 Minuten anschwitzen; den Knoblauch dazugeben und weitere 2-3 Minuten anschwitzen.

3 Auberginen und Zucchini abspülen, abtropfen lassen und trocken tupfen. Zusammen mit den Paprika in den Topf geben. Bei starker Hitze schmoren, bis die Paprika zu bräunen beginnen.

4 Rosmarin, Thymian und Koriander zugeben und weitere 40 Minuten schmoren.

5 Die Tomaten dazugeben, mit Salz und Pfeffer würzen. Weitere 10 Minuten sanft köcheln – das Gemüse soll aber nicht zu weich werden. Die Kräuterstiele entfernen, das fein geschnittene Basilikum dazugeben, abschmecken. Kalt oder warm servieren. Mit frischem Basilikum oder Petersilie garnieren.

Maispuffer mit gegrillten Tomaten

Knusprige Maispuffer sind kinderleicht zu machen – und die Kinder lieben sie.

ZUTATEN

Für 4 Personen

1 großer Kolben Zuckermais
75 g Mehl Typ 405, 550 oder 1050
1 Ei
etwas Milch
2 feste Fleischtomaten
1 Knoblauchzehe, durchgepresst
1 TL getrockneter Oregano
2–3 EL natives Olivenöl, plus Öl zum Braten
Salz, Pfeffer aus der Mühle
8 Blätter Eisbergsalat zum Anrichten
Basilikumblätter zum Garnieren

1 Die Hüllen der Maiskolben entfernen und mit einem scharfen Messer von oben nach unten die Körner ablösen. Die Körner ca. 3 Minuten in siedendem ungesalzenen Wasser garen, auf einen Durchschlag schütten, kalt überbrausen und abtropfen lassen.

2 Das Mehl in eine Schüssel geben, in der Mitte eine Mulde machen, das Ei hineinschlagen. Alles mit einer Gabel verquirlen und Milch zugeben, bis die Masse eine zäh fließende Konsistenz hat. Dic Maiskörner einrühren, mit Salz und Pfeffer abschmecken.

3 Den Grill anheizen. Die Tomaten halbieren; die Schnittflächen mehrfach kreuzweise einritzen, mit Knoblauch, Oregano, Salz und Pfeffer würzen und mit Olivenöl beträufeln. Die Tomaten bei starker Hitze grillen, bis die Oberflächen leicht gebräunt sind.

4 Eine große Pfanne erhitzen und etwas Olivenöl hineingeben. Die Puffermasse esslöffelweise hineingeben und leicht flach drücken. Bei mittlerer Hitze braten; die Puffer umdrehen, sobald die Masse gestockt ist. Die fertigen Puffer auf Küchenkrepp abtropfen lassen und warm halten. Die Masse soll für 8 Puffer reichen.

5 Je zwei Puffer auf Salatblättern anrichten, mit Basilikumstreifen bestreuen und mit einer Tomatenhälfte garnieren.

Sommersalat mit Steinpilzen

Frisch gesammelte Steinpilze entfalten ihr köstliches Aroma in einer Vinaigrette mit Eigelb und Walnussöl. Fast noch besser schmeckt der Salat mit den seltenen Birkenröhrlingen.

ZUTATEN

Für 4 Personen

350 g frische Steinpilze oder Birkenpilze
175 gemischte Blattsalate, z.B. Batavia, Eichblatt und Frisée
50 g gehackte geröstete Walnusskerne
50 g Parmesankäse
Salz, Pfeffer aus der Mühle

Für die Vinaigrette

2 Eigelb
1/2 TL Dijonsenf
5 EL Erdnussöl
3 EL Walnussöl
2 EL Zitronensaft
2 EL gehackte glattblättrige Petersilie
Eine Prise Zucker

1 Die Zutaten für die Vinaigrette in ein Deckelglas geben und zu einer cremigen Emulsion schütteln.

2 Die geputzten Pilze mit einem scharfen Messer in dünne Scheiben schneiden.

3 Die Pilze in der Salatschüssel mit der Vinaigrette übergießen und 10-15 Minuten ziehen lassen, damit sie ihr Aroma entfalten.

4 Den Salat waschen und trockenschleudern, mit den Pilzen mischen.

5 Den Salat auf Tellern anrichten, salzen und pfeffern und mit den Walnüssen und gehobeltem Parmesan bestreuen.

PROFI-TIPP

Bei dieser Vinaigrette wird rohes Eigelb verwendet. Kaufen Sie nur ganz frische Eier von einem vertrauenswürdigen Händler. Schwangere, Kleinkinder und ältere Menschen sollten rohe Eier meiden. Für diese Menschen sollte die Soße ohne Ei zubereitet werden.

Tagliatelle mit Tomaten-Carbonara

Verdoppeln Sie die Mengen und Sie haben ein herzhaftes Mittagsgericht für vier. Genießen Sie dazu einen grünen Salat und Knoblauchbrot.

ZUTATEN

Für 2 Personen

175 g Tagliatelle (italienische Eiernudeln)
50 g getrocknete Tomaten aus dem Öl, abgetropft
2 Eier, aufgeschlagen
150 g Crème double oder Crème fraîche
1 EL grobkörniger Senf
50 g frisch geriebener Parmesankäse
12 Basilikumblätter, in feine Streifen geschnitten
Salz, Pfeffer aus der Mühle
Frisches Basilikum für die Garnitur

1 Die Nudeln nach Packungsvorschrift in reichlich Salzwasser (10 g Salz auf 1 Liter Wasser) al dente garen.

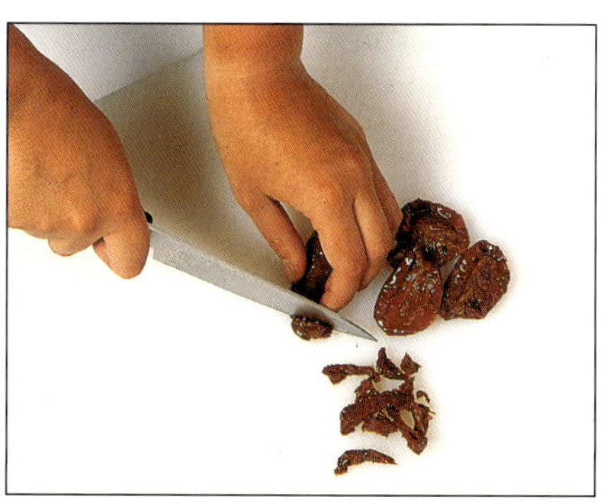

2 Unterdessen die getrockneten Tomaten mit einem scharfen Messer in kleine Stücke schneiden.

3 Eier, Crème double und Senf cremig aufschlagen und mit Salz und Pfeffer würzen. Die Mischung soll aber nicht schaumig werden.

4 Die Nudeln abschütten und tropfnass in den Topf zurückgeben; die Tomaten, die Sahnemischung, den Parmesan und das Basilikum untermischen und das Ganze bei schwacher Hitze wieder auf den Herd stellen und sanft rühren, bis die Soße leicht angedickt ist. Sofort auf gewärmten Tellern anrichten, mit Basilikum garnieren.

Omelett mit weißen Bohnen

Zum Rezepteschatz eines guten Kochs gehören Omeletts. Dieses spanisch inspirierte bekommt durch die gerösteten Sesamkörner eine besondere Note.

ZUTATEN

Für 4 Personen

2 EL natives Olivenöl
1 TL Sesamöl
1 gelbe Zwiebel, fein gehackt
1 kleine rote Paprika, entkernt und fein gewürfelt
2 Stengel Bleichsellerie, fein gewürfelt
400 g gegarte weiße Bohnen, abgetropft
8 Eier
3 EL Sesamkörner
Salz, Pfeffer aus der Mühle
Grüner Salat zum Anrichten

1 Eine große Pfanne erhitzen und das Öl hineingeben. Zwiebel, Paprika- und Selleriewürfel darin anschwitzen, ohne zu bräunen.

2 Die Bohnen dazugeben und einige Minuten gründlich erhitzen.

3 Die Eier mit einer Gabel aufschlagen, mit Salz und Pfeffer würzen und über den Inhalt der Pfanne gießen.

4 Die Mischung anfangs mit einem Holzspatel vorsichtig rühren, dann bei mäßiger Hitze 6-8 Minuten stocken lassen.

5 Den Grill vorheizen, das Omelett mit den Sesamkörnern bestreuen und unter dem Grill bräunen.

6 Das Omelett in Tortenstücke schneiden und mit einem grünen Salat servieren.

VARIATION

Statt Bohnen gekochte Kartoffeln, kleine Artischockenherzen oder anderes Gemüse der Jahreszeit verwenden.

Pilzsammler-Omelett

Eine schnell zubereitete Köstlichkeit für den Sonntagsbrunch.

ZUTATEN

Für 1 Person

2 EL Öl, 25 g Butter

125 g gemischte Pilze aus Zucht oder freier Natur, z.B. Pfifferlinge, Totentrompeten, Steinpilze, Champignons, Shiitake und Austernpilze, geputzt und ggf. klein geschnitten

3 zimmerwarme Eier

Salz, Pfeffer aus der Mühle

1 Eine Pfanne erhitzen, das Öl hineingeben und die Pilze bei starker Hitze rösten – sie sollen keinen Saft ziehen. Mit Salz und Pfeffer würzen, warm stellen.

2 Die Eier mit einer Gabel aufschlagen und würzen. Die Omelett-Pfanne erhitzen, die Butter darin aufschäumen lassen, die Eier hineingeben und mit der Gabel verziehen, dabei die Pfanne schwenken.

3 Die Pilze zugeben, wenn die Eier an der Oberfläche zu stocken beginnen. Weitere 10-15 Sekunden braten.

4 Das Omelett durch Rütteln der Pfanne vom Boden lösen und auf einen Teller gleiten lassen, dabei aufrollen. Mit Brot und einem grünen Salat servieren.

ABENDS

Pilaf mit Gemüse

Das beliebte vegetarische Reisgericht ist als leichtes Abendessen ideal.

ZUTATEN

Für 4–6 Personen

250 g Basmatireis
2 EL Pflanzenöl
1/2 TL Kreuzkümmel
2 Lorbeerblätter
4 grüne Kardamomkapseln
4 Gewürznelken
1 Zwiebel, fein gehackt
1 Möhre, fein gewürfelt
50 g tiefgekühlte Erbsen, aufgetaut
50 g tiefgekühlte Maiskörner, aufgetaut
25 g geröstete Cashewnüsse
1/4 TL gemahlener Kreuzkümmel
Salz

1 Den Basmatireis mehrfach waschen und zugedeckt 30 Minuten in kaltem Wasser einweichen.

2 In einer großen Pfanne die Kreuzkümmel-Körner im Öl 2 Minuten anrösten. Lorbeer, Kardamom und Nelken zugeben und weitere 2 Minuten anrösten.

3 Die Zwiebel zugeben, 5 Minuten anrösten und dabei leicht bräunen.

4 Die Möhre zugeben und 3–4 Minuten garen.

5 Den Reis abtropfen lassen und mit dem Gemüse und den Nüssen in die Pfanne geben, 3–4 Minuten rösten.

6 Mit einem halbem Liter Wasser ablöschen, Kreuzkümmelpulver und Salz zugeben, aufkochen und bei schwacher Hitze ausquellen lassen. Vor dem Servieren zugedeckt 10 Minuten ruhen lassen.

Risotto mit Paprika

Der Charakter dieses köstlichen italienischen Gerichts hängt vom Reis ab: Mit Avorioreis wird es cremig; mit ungeschältem Naturreis und weniger Flüssigkeit bekommt es einen nussigen Geschmack.

ZUTATEN

Für 6 Personen

3 große rote Paprikaschoten
2 EL Olivenöl
3 große Knoblauchzehen, dünn gescheibelt
400 g Dosentomaten, grob gehackt
2 Lorbeerblätter
1–1,5 l Gemüsebrühe
500 g Avorioreis oder Rundkorn-Naturreis
6 große Basilikumblätter
Salz, Pfeffer aus der Mühle

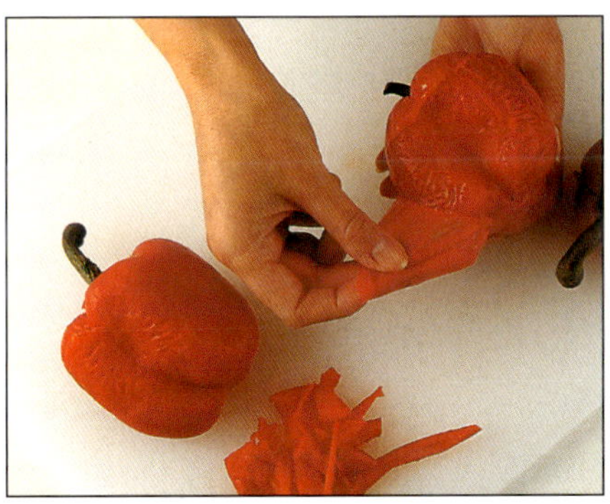

1 Die Paprikaschoten unter dem Grill oder im Backofen bei stärkster Hitze rösten, bis die Haut rundum Blasen wirft. Die Schoten in eine Schüssel legen, mit mehreren Lagen feuchtem Küchenkrepp abdecken und 10 Minuten ruhen lassen. Die Schoten häuten, entkernen und fein würfeln.

2 In einem Schmortopf das Öl erhitzen, den Knoblauch darin anschwitzen; die Tomaten zugeben, 5 Minuten garen, dann Paprika und Lorbeerblätter zugeben und weitere 15 Minuten köcheln lassen.

3 Die Gemüsebrühe erhitzen. Den Reis in die Tomatenmischung einrühren und ca. 2 Minuten garen, dann mit zwei bis drei Kellen Brühe ablöschen. Zugedeckt bei schwacher Hitze garen, gelegentlich umrühren, bis der Reis die Flüssigkeit vollständig aufgesogen hat.

4 Nach und nach die restliche Brühe zugeben, sobald die letzte Dosis aufgesogen ist. Abschmecken, wenn der Reis gar ist, 10 Minuten ruhen lassen, das Basilikum einrühren und den Risotto servieren. Dazu paßt ein würziger gemischter Salat.

Risotto mit Steinpilzen

Dieser italienische Klassiker wird in seiner Heimat als Vorspeise oder Hauptgericht geschätzt. Durch das Trocknen wird der Geschmack der Pilze verstärkt.

ZUTATEN

Für 3–4 Personen

25 g getrocknete Steinpilze
175 g frische Zuchtpilze
Saft einer halben Zitrone
75 g Butter
2 EL fein gehackte Petersilie
1 l Gemüsebrühe
2 EL Olivenöl
1 kleine Zwiebel, fein gehackt
300 g italienischer Rundkornreis, z.B. Avorio
125 ml trockener Weißwein
3 EL frisch geriebener Parmesankäse
Salz, Pfeffer aus der Mühle
Glattblättrige Petersilie zum Bestreuen

1 Die Dörrpilze in einer kleinen Schüssel mit ca. 350 ml warmem Wasser etwa 40 Minuten einweichen, herausnehmen, abspülen und abtropfen lassen. Das Einweichwasser durch eine Filtertüte gießen und verwahren.

2 Die frischen Pilze mit einem feuchten Tuch abwischen und in dünne Scheiben schneiden, mit dem Zitronensaft beträufeln.

3 Einen großen Schmortopf erhitzen, ein Drittel der Butter darin aufschäumen lassen und die Pilze unter Rühren darin anschmoren, bis sie Saft gezogen haben. Die Petersilie zugeben, kurz mitschmoren, dann alles herausnehmen.

4 Die Gemüsebrühe mit dem Einweichwasser der Pilze in einem Topf erhitzen und bis zum Gebrauch warm halten.

5 Im Schmortopf ein weiteres Drittel der Butter mit dem Öl erhitzen und die Zwiebel darin glasig anschwitzen. Den Reis dazugeben und unter Rühren glasig werden lassen. Die eingeweichten und die geschmorten Pilze zugeben und gut durchrühren.

6 Den Wein zugießen, die Hitze erhöhen und rühren, bis der Wein aufgesogen ist.

7 Eine Kelle Brühe dazugeben und bei mäßiger Hitze rühren, bis sie aufgesogen ist. Rühren Sie mit einem Holzlöffel über mäßiger Hitze, damit der Reis nicht ansetzt. Nach und nach auf diese Weise die restliche Brühe zugeben. Mit Salz und Pfeffer abschmecken.

8 Der Risotto ist nach etwa 20 bis 25 Minuten gar. Die Konsistenz soll cremig, die Reiskörner aber noch al dente sein, d.h. den Zähnen noch leichten Widerstand bieten. Wenn die Brühe nicht reichen sollte, können Sie Wein oder Wasser nehmen.

9 Den Risotto vom Herd nehmen, die restliche Butter und den Parmesan einrühren. Nochmals abschmecken, 3 bis 4 Minuten ruhen lassen, mit Petersilie garnieren und zu Tisch bringen.

Biryani mit Pastinaken und Auberginen

Dieses würzige indische Gericht schmeckt an einem kalten Winterabend besonders gut.

ZUTATEN

Für 4–6 Personen

1 kleine Aubergine
300 g Basmatireis
3 Pastinaken
3 Zwiebeln
2 Knoblauchzehen
Ein 2,5 cm langes Stück Ingwerwurzel
4 EL Pflanzenöl
175 g ungesalzene Cashewnüsse
40 g Sultaninen
1 rote Paprika, entkernt und gewürfelt
1 TL gemahlener Kreuzkümmel
1 TL gemahlener Koriander
1/2 TL Cayennepfeffer
125 g Jogurt
350 ml Gemüsebrühe
25 g Butter
Salz, Pfeffer aus der Mühle
2 hart gekochte Eier und Korianderkraut zum Garnieren

1 Die Aubergine in Würfel schneiden, salzen und 30 Minuten „weinen“ lassen. Abspülen und trocken tupfen.

2 Den Reis 40 Minuten in kaltem Wasser einweichen. Die Pastinaken putzen, schälen und in 1 cm große Würfel schneiden. Eine Zwiebel, Knoblauch und Ingwer schälen und mit 2 bis 3 Esslöffeln Wasser in Mixer pürieren.

3 Die übrigen Zwiebeln schälen, in dünne Ringe schneiden und in einem Schmortopf mit 3 Esslöffeln Öl 10 bis 15 Minuten anbraten und bräunen. Herausnehmen und abtropfen lassen.

4 40 g Cashewnüsse in den Topf geben und 2 Minuten anrösten. Die Sultaninen zugeben und braten, bis sie sich vollgesogen haben; herausnehmen und auf Küchenkrepp abtropfen lassen.

5 Aubergine und Paprika in den Topf geben und 4 bis 5 Minuten unter Rühren braten, herausnehmen und auf Küchenkrepp abtropfen lassen. Die Pastinaken 4 bis 5 Minuten braten, die restlichen Cashews dazugeben und 1 Minute braten; alles herausnehmen und zu den Auberginen geben.

6 Einen Esslöffel Öl in den Topf geben und das Zwiebelmus darin unter Rühren goldbraun braten. Kreuzkümmel, Koriander und Cayennepfeffer einrühren, kurz erhitzen, die Hitze herunterschalten, den Jogurt einrühren.

7 Vorsichtig aufkochen, mit der Brühe ablöschen und das Gemüse dazugeben. Mit Salz und Pfeffer abschmecken und zugedeckt bei schwacher Hitze 30 bis 40 Minuten schmoren, bis die Pastinaken gar sind. Das Gemüseragout in eine Auflaufform geben.

8 Den Ofen auf 150 Grad (Gasherd: Stufe 2) vorheizen. Den Reis abtropfen lassen und in einem Topf mit 300 ml siedendem Salzwasser 5 bis 6 Minuten bei schwacher Hitze al dente garen.

9 Den abgetropften Reis auf das Gemüse häufen, mit einem Kochlöffelstiel in der Mitte ein Loch bis zum Boden der Form machen. Röstzwiebeln, Cashews und Sultaninen über den Reis streuen und die Butter in Flöckchen darüber verteilen. Mit Alufolie und einem festen Deckel verschließen.

10 Den Auflauf 35 bis 40 Minuten in den Backofen geben. Zum Servieren in eine gewärmte Schüssel geben, mit Koriandergrün und geviertelten Eiern garnieren.

Risotto mit Lauch, Pilzen und Zitronen

Dieser leckere Risotto eignet sich bestens für ein zwangloses Zusammensein mit Freunden.

ZUTATEN

Für 4 Personen

- 250 g geputzter Lauch
- 250 g Braune Champignons
- 2 EL Olivenöl
- 3 Knoblauchzehen, durchgepresst
- 75 g Butter
- 1 große Zwiebel, grob gehackt
- 350 g Avorioreis
- 1,2 l heiße Gemüsebrühe
- abgeriebene Schale und Saft einer Zitrone
- 50 g frisch geriebener Parmesankäse
- je 2 EL gehackte glatte Petersilie und Schnittlauchröllchen
- Salz, Pfeffer aus der Mühle
- Zitrone und glatte Petersilie zum Garnieren

1 Den Lauch waschen, längs halbieren und grob hacken. Die Pilze mit einem feuchten Tuch putzen und grob hacken.

VARIATION

Der Risotto schmeckt noch besser, wenn man die Zitrone durch eine Limette ersetzt.

2 In einem Schmortopf das Öl erhitzen und den Knoblauch darin kurz anschwitzen. Lauch und Pilze zugeben, kräftig abschmecken und zugedeckt ca. 10 Minuten dünsten; das Gemüse herausnehmen.

3 25 g Butter in den Topf geben und die Zwiebel darin 5 Minuten anschwitzen.

4 Den Reis dazugeben und glasig werden lassen. Eine Kelle Brühe dazugeben, durchrühren und quellen lassen, bis die Flüssigkeit aufgesogen ist.

5 Nach und nach die restliche Brühe zugeben; das dauert etwa 20 bis 25 Minuten. Der Risotto soll cremig, der Reis aber nicht klebrig oder pappig sein.

6 Unmittelbar vor dem Servieren das Gemüse, die restliche Butter, die Hälfte des Parmesans, die Zitronenschale und 3 Esslöffel Ztronensaft einrühren. Abschmecken, mit dem verbliebenen Parmesan und den Kräutern bestreuen und zu Tisch bringen.

Mailänder Risotto

Der Risotto alla Milanese verdankt seinen Ruf kostbarem Safran und frisch geriebenem Parmesan.

ZUTATEN

Für 4 Personen

Für die Gremolata

2 Knoblauchzehen, fein gehackt
4 EL gehackte glatte Petersilie
abgeriebene Schale einer Zitrone

Für den Risotto

1 TL Safranfäden
25 g Butter
1 große Zwiebel, fein gehackt
300 g Avorioreis
150 ml trockener Weißwein
1 l Gemüsebrühe
Parmesankäse zum Servieren
Salz, Pfeffer aus der Mühle

1 Für die Gremolata Knoblauch, Petersilie und Zitronenschale gut vermischen.

2 Für den Risotto den Safran mit einem Esslöffel kochendem Wasser überbrühen. Die Butter in einer Kasserolle schmelzen und die Zwiebel darin glasig anlaufen lassen.

3 Den Reis zugeben und unter Rühren glasig werden lassen. Mit Wein und Safran samt dem Einweichwasser ablöschen; umrühren, bis der Reis die Flüssigkeit aufgesogen hat.

4 600 ml heiße Gemüsebrühe zugeben und sanft köcheln, bis die Brühe aufgesogen ist; dabei gelegentlich umrühren.

5 Nach und nach kellenweise weitere Brühe zugeben, bis der Reis „al dente", d.h. gerade eben gar ist – also öfter probieren. Unter Umständen werden Sie nicht alle Brühe verbrauchen.

6 Den Risotto mit Salz und Pfeffer abschmecken und in einer vorgewärmten Schüssel zu Tisch bringen. Frischen Parmesan darüber hobeln oder reiben, die Gremolata dazu reichen.

Chili con legumbes

Zur vegetarischen Alternative des klassischen Chili con Carne passt naturbelassener Reis.

ZUTATEN

Für 4 Personen

2 Zwiebeln, fein gehackt
1 Knoblauchzehe, durchgepresst
3 Stengel Bleichsellerie, fein gehackt
1 grüne Paprika, entkernt und gewürfelt
250 g Champignons, gescheibelt
2 Zucchini, gescheibelt
400 g gegarte rote Kidneybohnen, abgetropft
400 g geschälte Tomaten aus der Dose
150 g passierte Tomaten
2 EL Tomatenmark
1 EL Tomatenketschup
je 1 TL Cayennepfeffer, gemahlener Kreuzkümmel und Koriander
Salz, Pfeffer aus der Mühle
Naturjogurt und Cayennepfeffer zum Servieren
Korianderkraut zum Garnieren

1 Zwiebel, Knoblauch, Bleichsellerie, grüne Paprika und Champignons zusammen in einen großen Schmortopf geben.

2 Kidneybohnen, Tomaten, passierte Tomaten, Tomatenmark und Ketschup dazu geben.

3 Die Gewürze zugeben, salzen und gut durchmischen.

4 Aufkochen und zugedeckt bei schwacher Hitze 20 bis 30 Minuten schmoren, bis das Gemüse gar ist. Gelegentlich umrühren. Naturjogurt und Cayennepfeffer dazu reichen.

Vollkornnudeln mit zweierlei Kohl

Weißkohl und Rosenkohl gehen bei diesem leckeren Gericht eine harmonsiche Verbindung ein.

ZUTATEN

Für 6 Personen

6 EL Oliven- oder Sonnenblumenöl
3 Zwiebeln, grob gehackt
350 g Weißkohl, geputzt und grob gehackt
350 g Rosenkohl, geputzt und halbiert
2 TL Kümmel
1 EL frische Dillspitzen
400 ml Gemüsebrühe
200 g Vollkorn-Spiralnudeln
Salz, Pfeffer aus der Mühle
Dill zum Garnieren

1 Das Öl in einem Schmortopf erhitzen und die Zwiebel darin bei mäßiger Hitze 10 Minuten anschwitzen.

2 Den Kohl dazugeben und 2 bis 3 Minuten anschwitzen, dann Dill und Kümmel zufügen. Mit der Brühe ablöschen und mit Salz und Pfeffer würzen. Zugedeckt 10 Minuten schmoren – das Gemüse soll knackig-gar sein.

3 Unterdessen die Nudeln nach Packungsvorschrift in reichlich Salzwasser al dente garen.

4 Die Nudeln abschütten, kurz abtropfen lassen, in eine große Schüssel geben und mit dem Gemüse mischen. Abschmecken, mit Dill garnieren und sofort zu Tisch bringen.

Blumenkohl mit Tomatensoße

Eine farbenfrohe Alternative zu Blumenkohl mit Käse. Der Brokkoli gibt der Sache zusätzlichen Pfiff.

ZUTATEN

Für 6 Personen

1 Zwiebel, fein gehackt
400 g geschälte Tomaten, gehackt
3 EL Tomatenmark
3 EL Vollkornmehl
300 ml Magermilch
Je 500 g Blumenkohl und Brokkoli, gewaschen, geputzt und in Röschen geteilt
Salz, Pfeffer aus der Mühle

1 Zwiebel, Tomaten und Tomatenmark zusammen aufkochen und zugedeckt 15 bis 20 Minuten köcheln lassen.

2 Das Mehl mit ein wenig Milch verrühren und in die Tomatenmischung einrühren. Nach und nach die restliche Milch und 300 ml Wasser einrühren.

3 Die Soße unter Rühren aufkochen, bis sie angedickt ist. Mit Salz und Pfeffer abschmecken. Warm halten

4 Blumenkohl und Brokkoli über kochendem Wasser 5 bis 7 Minuten dämpfen – die Röschen sollen knackig gar sein. Auf einer Platte anrichten, die Soße darüber geben. Nach Belieben noch etwas Pfeffer darüber mahlen.

Champignon-Bolognese-Soße

Die leckere vegetarische Variante der klassischen italienischen Nudelsoße ist im Nu zubereitet. Mit einem Salat ist das Pastagericht eine komplette Mahlzeit.

ZUTATEN

Für 4 Personen

500 g Champignons
1 EL Olivenöl
1 Zwiebel, fein gehackt
1 Knoblauchzehe, durchgepresst
1 EL Tomatenmark
400 g geschälte Tomaten, gehackt
3 EL frische Oreganoblätter, gehackt
500 g frische Nudeln
Salz, Pfeffer aus der Mühle
Parmesankäse zum Servieren

1 Die Champignons mit einem feuchten Tuch putzen und dann halbieren oder vierteln.

2 Eine Kasserolle erhitzen und Knoblauch und Zwiebel im Öl anschwitzen.

3 Die Champignons dazugeben und 3 bis 4 Minuten bei starker Hitze unter gelegentlichem Rühren anbraten.

4 Tomaten, Tomatenmark und 1 Esslöffel Oregano dazugeben und das Ganze zugedeckt 5 Minuten bei schwacher Hitze schmoren.

5 Reichlich Wasser aufkochen, salzen und die Nudeln darin garen – bei frischer Pasta dauert das nur 2 bis 3 Minuten.

6 Die Soße mit Salz und Pfeffer abschmecken. Die Nudeln abschütten, tropfnass in eine Schüssel geben, die Soße darüber gießen und gut durchmnischen. In tiefen Tellern anrichten, mit Oregano und frisch gehobeltem Parmesan garnieren.

PROFI-TIPP

Wenn Sie am liebsten Trockennudeln verwenden, kochen Sie diese zuerst. Das dauert 10–12 Minuten. In dieser Zeit können Sie die Pilzsoße herstellen. Nehmen Sie 350 g Trockennudeln.

Cannelloni mit Brokkoli und Ricotta

Eine wunderbare Nudelkreation, die Eindruck macht, aber ganz leicht zuzubereiten ist. Und ganz einfach göttlich schmeckt.

ZUTATEN

Für 4 Personen

2 EL Olivenöl
12 Cannelloni (dicke Röhrennudeln zum Füllen)
500 g Brokkokliröschen
75 g Brösel von frischem Weißbrot
150 ml Milch
4 EL Olivenöl und Öl zum Einpinseln
250 g Ricotta (magerer Frischkäse)
Muskatnuss
6 EL frisch geriebener Parmesan oder Pecorino
2 EL Pinienkerne
Salz, Pfeffer aus der Mühle

Für die Tomatensoße

2 EL Olivenöl
1 Zwiebel, fein gehackt
1 Knoblauchzehe, durchgepresst
800 g geschälte Tomaten, gehackt
1 EL Tomatenmark
4 schwarze Oliven, entsteint und gehackt
1 TL getrockneter Thymian

1 Die Backröhre auf 190 Grad vorheizen (Gasherd: Stufe 5). Vier ofenfeste Schalen leicht einölen.

2 Einen Topf Wasser aufkochen, salzen, ein paar Tropfen Olivenöl dazu geben und die Cannelloni 6 bis 7 Minuten garen – sie sollen knapp al dente sein.

3 Unterdessen den Brokkoli in Salzwasser oder im Dampf ca. 10 Minuten garen. Die Cannelloni abgießen, mit kaltem Wasser überbrausen und abtropfen lassen. Den Brokkoli in der Messermühle pürieren.

4 Die Brotkrumen mit der Milch und dem Olivenöl einweichen. Ricotta, Brokkolipüree und 4 Esslöffel geriebenen Käse dazugeben, gründlich durchmischen, mit Salz, Pfeffer und Muskatnuss abschmecken.

5 Für die Soße das Öl in einer Pfanne erhitzen, Zwiebel und Knoblauch darin 5 bis 6 Minuten anschwitzen. Tomaten, Tomatenmark, Oliven und Thymian dazugeben, mit Salz und Pfeffer würzen, 2 bis 3 Minuten gut durchkochen und auf die ofenfesten Schalen verteilen.

6 Die Nudelröhren senkrecht auf die Arbeitsplatte stellen, die Füllung in einen Spritzbeutel mit 1-cm-Tülle geben und in die Cannelloni drücken. Die gefüllten Nudeln auf die vorbereiteten Schalen mit der Tomatensoße verteilen.

7 Die Cannelloni leicht mit Öl einpinseln, mit den Pinienkernen und dem restlichen Käse bestreuen und im Ofen 25 bis 30 Minuten goldbraun überbacken. In den Portionsformen zu Tisch bringen.

PROFI-TIPP

Wenn Sie keine Canneloni haben, kochen Sie Lasagneblätter al dente. Verteilen Sie dann die Füllung auf einem Ende der Lasagneblätter und rollen Sie sie in die Blätter ein.

Tofu-Gemüse aus dem Wok

Das Auge isst mit bei diesem farbenfrohen würzigen Gericht. Dazu passen chinesische Eiernudeln oder einfach weißer Reis.

ZUTATEN

Für 4 Personen

2 TL gemahlener Kreuzkümmel
1 EL Paprikapulver
2,5 cm Ingwerwurzel, fein gehackt
eine gute Prise Cayennepfeffer
1 EL Zucker
300 g weißer Tofu (Sojaquark)
4 EL Sojaöl
2 Knoblauchzehen, durchgepresst
1 Bund Lauchzwiebeln, in Ringe geschnitten
1 rote und 1 gelbe Paprikaschote, entkernt und klein geschnitten
250 g rosé Champignons, geputzt und ggf, klein geschnitten
1 großer Zucchino, gescheibelt
125 g grüne Böhnchen, halbiert
50 g Pinienkerne
1 EL Limettensaft
1 EL flüssiger Honig
Salz, Pfeffer aus der Mühle

1 Kreuzkümmel, Paprika, Ingwer, Cayennepfeffer und Zucker mit etwas Salz und Pfeffer mischen, den Tofu würfeln und mit der Mischung würzen.

2 Den Wok oder eine große Pfanne gut anheizen, etwas Öl hineingeben und den Tofu portionsweise 3 bis 4 Minuten kräftig anbraten; Acht geben, dass der Tofu nicht zerbröselt. Den Wok mit Küchenkrepp säubern.

3 Das restliche Öl in den Wok geben, Knoblauch und Zwiebel 3 Minuten anbraten. Das übrige Gemüse dazugeben und unter Rühren bei mittlerer Hitze 6 Minuten garen – es soll al dente sein. Kräftig abschmecken.

4 Tofu, Pinienkerne, Limettensaft und Honig zum Gemüse geben, kurz durchkochen und sogleich servieren.

Pizza mit Kürbis und Salbei

Eine Pizza mit reizvollem Kontrast zwischen süßem Kürbis, würzigem Salbei und pikantem Ziegenkäse.

ZUTATEN

Für 4 Personen

Für den Teig

1/2 TL Trockenhefe
eine Prise Zucker
450 g Mehl Typ 550
1 TL Salz
2 EL Olivenöl

Für den Belag

15 g Butter
2 EL Olivenöl
2 Schalotten, fein gehackt
450 g Kürbisfleisch in kleinen Würfeln (z.B.Hokkaido-Kürbis)
16 Blätter frischer Salbei
800 g Pizzatomaten (Dosenware)
125 g Mozzarella, gescheibelt
125 g fester Ziegenkäse (z.B. Gouda)
Salz, Pfeffer aus der Mühle

1 Hefe und Zucker in 300 ml handwarmem Wasser verrühren und 10 Minuten stehen lassen, bis es gärt.

2 Mehl und Salz in eine Schüssel geben und eine Mulde in die Mitte drücken. Den Hefeansatz und das Öl hineingießen, das Ganze zu einem glatten Teig verarbeiten. Auf der bemehlten Arbeitsfläche ca. 10 Minuten kneten, bis der Teig elastisch ist und nicht mehr klebt. In eine bemehlte Schüssel geben, mit einem Tuch bedecken und an einem warmen Ort 1 1/2 Stunden gehen lassen.

3 Die Backröhre auf 200 Grad (Gas: Stufe 6) vorheizen. Vier 25-cm-Pizzableche leicht einölen. Butter und Öl in einer Pfanne im Ofen zerlassen. Schalotten, Kürbis und die Hälfte des Salbeis zugeben und 15–20 Minuten rösten.

4 Den Ofen auf 220 Grad schalten. Den Teig in vier Stücke teilen und auf der bemehlten Arbeitsfläche zur Größe der Pizzableche ausrollen.

5 Die Bleche mit dem Teig belegen, die Tomaten darauf verteilen – einen Zentimeter am Rand frei lassen. Die Kürbismischung auf den Pizzen verteilen.

6 Den Mozzarella in Würfel schneiden und über die Pizzen streuen, den Ziegenkäse darüber raspeln, mit den restlichen Salbeiblättern garnieren, kräftig mit Salz und Pfeffer würzen. 15 bis 20 Minuten backen, bis der Teigrand goldbraun, der Käse geschmolzen ist.

Calzone mit Auberginen und Tomaten

Auberginen, Schalotten und getrocknete Tomaten bilden die ungewöhnliche Füllung dieser Pizza Tasche. Wer's scharf mag, gibt noch mehr Chili dazu.

ZUTATEN

Für 2 Personen

1/4 TL Trockenhefe
Eine Prise Zucker
250 g Mehl Typ 550
1 TL Salz
4 EL Olivenöl
4 Baby-Auberginen
3 Schalotten, gehackt
1 Knoblauchzehe, gehackt
50 g getrocknete Tomaten in Öl, abgetropft und fein gehackt
1/4 TL getrocknete Chiliflocken
2 TL frische Thymianspitzen
75 g Mozzarella, gewürfelt
Salz, Pfeffer aus der Mühle
1-2 EL frisch geriebener Parmesan zum Servieren

1 Hefe und Zucker in 150 ml handwarmem Wasser verrühren und 5 bis 10 Minuten stehen lassen, bis die Gärung einsetzt.

2 Mehl und Salz in eine Schüssel geben und eine Mulde in die Mitte drücken. Das Hefewasser und einen Esslöffel Öl hineingießen und das Ganze zu einem glatten Teig verarbeiten. Den Teig auf der bemehlten Arbeitsfläche 10 Minuten lang kneten, bis er nicht mehr klebt und elastisch ist.

3 Den Teig in eine bemehlte Schüssel legen, mit einem Tuch bedecken und an einem warmen Ort 1 1/2 Stunden gehen lassen. Den Ofen auf 220 Grad vorheizen. Die Auberginen putzen und in kleine Würfel schneiden.

4 In einer Pfanne einen Esslöffel Öl erhitzen und die Schalotten darin anschwitzen. Auberginen, Tomaten, Chili-Flocken und Thymian zufügen, salzen und pfeffern und das Ganze unter Rühren braten, bis die Auberginen anfangen, weich zu werden.

5 Den Teig halbieren und jede Hälfte mit etwas Mehl zu einem Rund von 18 Zentimeter Durchmesser ausrollen.

6 Die Auberginen auf je eine Hälfte der Teigkreise verteilen, dabei 2,5 cm Rand frei lassen. Den Käse auf die Auberginen streuen.

7 Die Teigränder mit Wasser befeuchten, die freien Teighälften über die Füllung klappen und am Rand gut fest drücken. Die Taschen auf ein gefettetes Backblech legen.

8 Die Taschen mit der Hälfte des verbliebenen Olivenöls einpinseln und an der Oberseite je ein kleines Loch hineinstechen, damit Dampf austreten kann. 15 bis 20 Minuten goldbraun backen. Mit dem restlichen Öl einpinseln, mit Parmesan bestreuen und sofort auftragen.

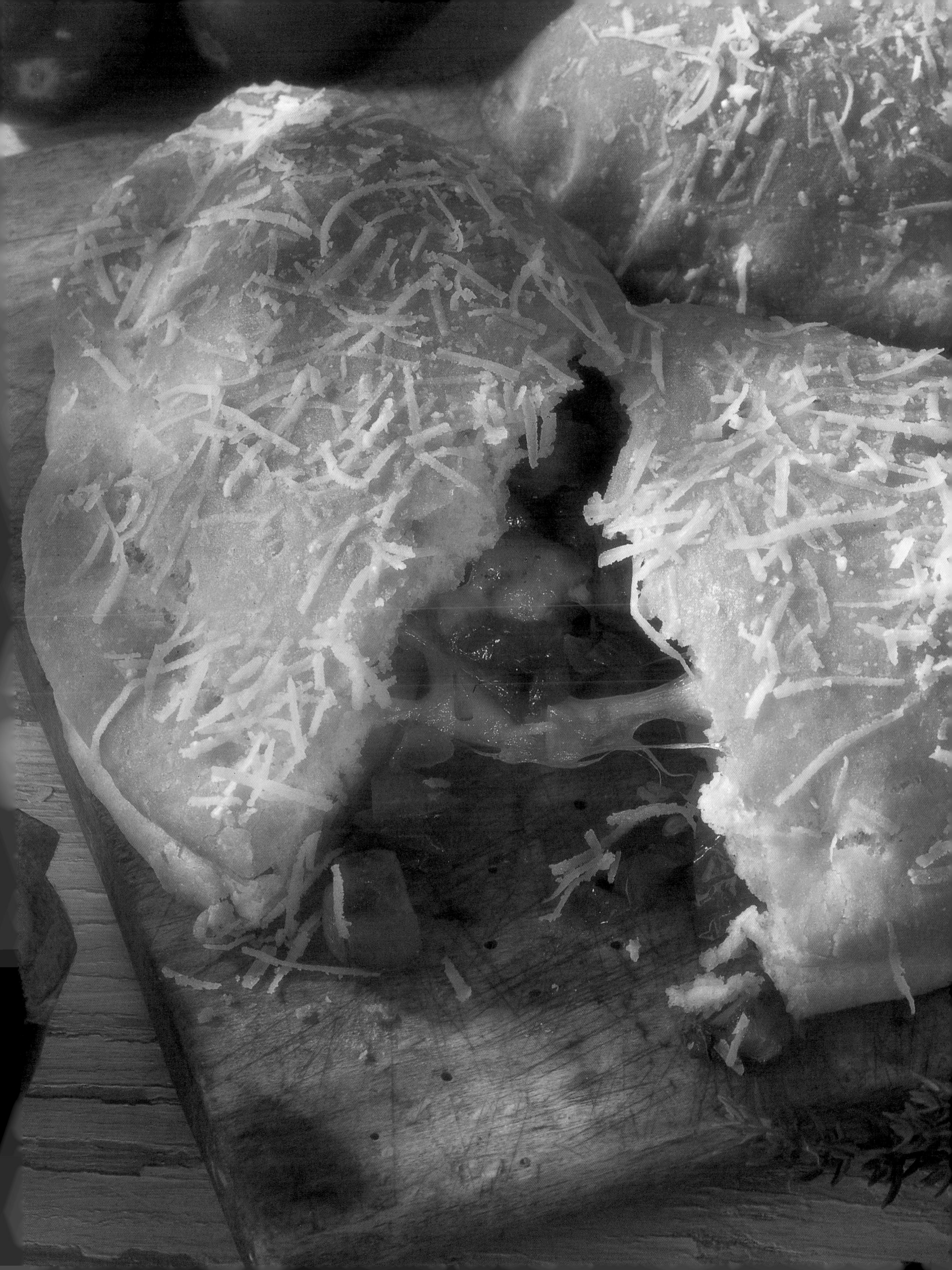

Spinat-Ricotta-Ravioli

Selbst gemachte Ravioli sind die besten. Man kann sie mit einer Vielzahl verschiedener Füllungen abwandeln. Diese ist besonders einfach herzustellen.

ZUTATEN

Für 4 Personen

400 g frischer oder 175 g TK-Spinat
175 g Ricotta -Frischkäse
1 Ei
50 g frisch geriebener Parmesan
Muskatnuss
Nudelteig-Blätter (s.u.)
Salz, Pfeffer aus der Mühle

Für den Teig

210 g Mehl Typ 405
3 Eier Größe 3

Für die Soße

75 g Butter
5–6 Zweiglein frischer Salbei

1 Den Spinat putzen, gründlich waschen, tropfnass in einen Topf geben und zugedeckt dämpfen, bis er zusammengefallen ist. Auf einen Durchschlag schütten, abtropfen lassen und fein hacken. (TK-Spinat auftauen.)

2 Den Spinat mit Ricotta, Ei und Parmesan vermengen, mit Salz, Pfeffer und Muskatnuss würzen. Zugedeckt kalt stellen.

3 Für den Teig das Mehl mit einer Prise Salz auf die Arbeitsfläche geben, in der Mitte eine Mulde hineindrücken und die Eier hineinbrechen.

4 Die Eier mit einer Gabel verquirlen, nach und nach mit dem Mehl vermengen. Das Mehl mit einem Teigschaber von den Seiten zur Mitte schieben. Den Teig zusammenschieben und mit den Händen weiter bearbeiten.

5 Wenn der Teig noch klebrig ist, schüttet man noch etwas Mehl darüber und knetet es ein. Auf der Arbeitsfläche klebende Teigreste mit dem Teigballen aufnehmen.

6 Die Arbeitsfläche leicht mit Mehl bestreuen und den Teig mit den Händen etwa 10 Minuten kräftig durchkneten, bis er glänzt und elastisch ist.

7 Den Teig teilen; die Hälften flachdrücken und mit dem Rollholz oder zwischen den Walzen einer Nudelmaschine auf eine Dicke von 3 Millimeter ausrollen.

8 Den Teig in 5 cm breite Streifen schneiden, in Abständen von 5 cm die Füllung verteilen. Mit Teig bedecken, an den Rändern gut festdrücken.

9 Die Ravioli mit einem Teigrädchen trennen. Falls die Ränder nicht haften, befeuchtet man sie leicht mit Wasser und drückt sie nochmals fest.

10 Die Ravioli auf einer leicht bemehlten Fläche etwa 30 Minuten antrocknen lassen; dabei gelegentlich wenden, damit sie gleichmäßig trocknen. Reichlich Wasser aufkochen und salzen.

11 Die Butter mit den Salbeiblättern in einem Töpfchen bei schwacher Hitze schmelzen – sie darf nicht braun werden.

12 Die Ravioli portionsweise im Salzwasser garen. Sie sind gar, wenn sie nach 4 bis 5 Minuten an die Oberfläche steigen. Mit dem Sieblöffel herausnehmen, auf gewärmten Tellern anrichten und mit der Salbeibutter überziehen und sofort mit frisch geriebenem Parmesan servieren.

Koriander-Ravioli mit Kürbisfüllung

Umwerfend leckere Kräuter-Ravioli mit einer cremigen Füllung aus Kürbis und geröstetem Knoblauch.

ZUTATEN

Für 4–6 Personen

200 g Mehl Typ 550 oder 1050

2 Eier

eine Prise Salz

3 EL feingehackte Korianderblätter

Korianderkraut zum Garnieren

Für die Füllung

4 ungeschälte Knoblauchzehen

450 g schieres Kürbisfleisch

125 g Ricotta Frischkäse

4 getrocknete Tomatenhälften in Öl, abgetropft und fein gehackt (das Öl verwahren)

Pfeffer aus der Mühle

1 Mehl, Eier, Salz und Korianderkraut in der Küchenmaschine zu einem Teig verkneten.

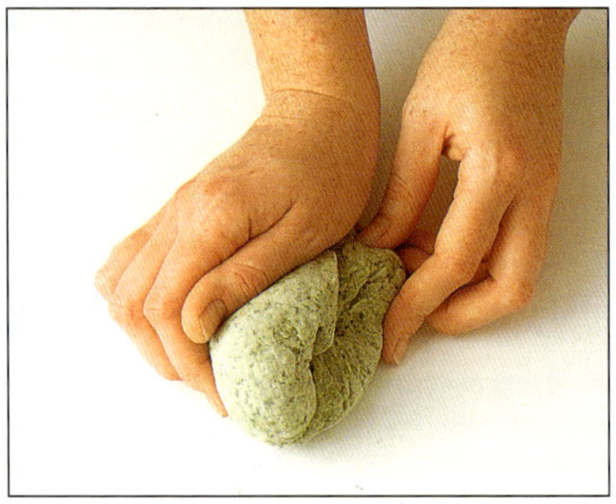

2 Den Teig auf einer bemehlten Fläche glatt kneten.

3 Den Teig in Klarsichtfolie wickeln und mindestens 30 Minuten kalt stellen.

4 Den Knoblauch auf ein Backblech legen und im Ofen bei 200 Grad 10 Minuten rösten. Den Kürbis im Dampf oder in Salzwasser 5 bis 8 Minuten garen, gut abtropfen lassen.

5 Den Knoblauch aus der Pelle drücken und zusammen mit Kürbis, Ricotta und den Tomaten zerstampfen; kräftig mit Pfeffer aus der Mühle würzen.

6 Den Teig in vier Portionen teilen, leicht flachdrücken und mit einer Nudelmaschine so dünn wie möglich auswalzen. Die Teigblätter auf einem Tuch leicht antrocknen lassen.

7 Mit einem Keksausstecher 36 Kreise von 7,5 cm Durchmesser herstellen.

8 Die Füllung auf 18 Teigkreise verteilen, die Teigränder mit Wasser befeuchten und die mit Füllung versehenen Kreise mit den restlichen Teigblättern bedecken, die Ränder gut festdrücken. Die Ravioli in reichlich Salzwasser 3 bis 4 Minuten garen, mit der Siebkelle heraus nehmen, im Tomatenöl schwenken und auf warmen Tellern anrichten. Mit Koriander garnieren.

VARIATION

Statt des Ricotta kann man die Füllung mit 25 Gramm geriebenem Parmesan und 125 Hüttenkäse oder Sahnefrischkäse zubereiten. Mit frischem Parmesan servieren.

Linsen mit Eiern aus dem Ofen

Bei diesem Gericht lernen Sie Linsen von einer aufregend unbekannten Seite kennen. Zur Verfeinerung kann man Kastanienpüree aus der Dose unter die Linsen mischen.

ZUTATEN

Für 4 Personen

500 g Tellerlinsen
3 Stangen Lauch (nur das Weiße)
2 TL zerstoßene Korianderkörner
1 EL gehackte Korianderblätter
2 EL gehackte Minzeblätter
1 EL Rotweinessig
1 l Gemüsebrühe
4 Eier
Salz, Pfeffer aus der Mühle
reichlich frische Petersilie zum Garnieren

1 Die Linsen waschen und mit Lauch, Koriander, Minze, Korianderkraut, Essig und Gemüsebrühe aufkochen und zugedeckt bei schwacher Hitze 30 bis 40 Minuten garen – die Linsen sollen alle Flüssigkeit aufsaugen.

2 Die Backröhre auf 180 Grad vorheizen.

3 Die Linsen mit Salz und Pfeffer würzen, auf 4 leicht geölte ofenfeste Schalen verteilen.

4 Mit einem Löffel eine Mulde in jede Linsenportion drücken und ein Ei hineinschlagen. Salzen und pfeffern und das Ganze mit Alufolie abdecken. 15 bis 20 Minuten backen – das Eiweiß soll eben gestockt sein. Vor dem Servieren mit frisch gehackter Petersilie bestreuen. Heiß im Ofengeschirr zu Tisch bringen.

Herbstlicher Linsen-Eintopf

Mit den frischen Gemüsen der Jahreszeit lässt sich im Handumdrehen ein delikate Suppe bereiten.

ZUTATEN

Für 6 Personen

1 EL Sonnenblumenöl
2 Stangen Lauch (nur das Weiße)
1 Knoblauchzehe, durchgepresst
4 Stengel Bleichsellerie, fein gewürfelt
2 Pastinaken, fein gewürfelt
2 Möhren, in Scheiben geschnitten
1 Süßkartoffel, fein gewürfelt
250 g Weiße Rübchen, fein gewürfelt
175 g braune oder grüne Linsen
500 g Fleischtomaten, abgezogen, entkernt und gewürfelt
1 EL frische Thymianblätter
1 EL frische Majoranblätter
1 l Gemüsebrühe
evtl. 1 EL Stärkemehl
Salz, Pfeffer aus der Mühle
Frischer Thymian zum Garnieren

1 Den Backofen auf 180 Grad (Gasherd: Stufe 4) vorheizen. Das Öl in einem Schmortopf erhitzen, Lauch, Knoblauch und Bleichsellerie 3 Minuten sanft anschwitzen.

2 Das übrige Gemüse, die Linsen, Kräuter, Gewürze und die Brühe zugeben; das Ganze unter gelegentlichem Umrühren aufkochen.

3 Zudecken und im Backofen ca. 50 Minuten garen, bis das Gemüse und die Linsen gerade gar sind. Den Eintopf während der Garzeit ein paar Mal herausnehmen und umrühren, damit die Gemüse gleichmäßig garen.

4 Wenn Sie die Brühe andicken wollen: Das Stärkemehl mit drei Esslöffeln Wasser anrühren und in die Suppe rühren. Auf dem Herd kurz aufkochen und 2 Minuten ausquellen lassen.

5 Den Eintopf in Portionsschalen schöpfen und mit frischem Thymian garnieren.

Gratinierte Pilz-Lasagne

Mit frischem Gemüse und Kräutern ist dies eine leckere Variation des beliebten italienischen Klassikers.

ZUTATEN

Für 9 Personen

15–18 Lasagneblätter
2 EL natives Olivenöl
1 mittelgroße Zwiebel, sehr fein gehackt
500 g abgezogene gehackte Tomaten
700 g frische Pilze aus Zucht oder freier Natur, auch gemischt
75 g Butter
2 Knoblauchzehen, fein gehackt
Saft von einer halben Zitrone
1 l Béchamel-Soße (Fertigprodukt)
175 g geriebener Käse (Parmesan oder Emmentaler oder eine Mischung daraus)
Salz, Pfeffer aus der Mühle

1 Eine große flache, möglichst eckige Auflaufform mit Butter ausstreichen.

2 Das Öl in einer kleinen Pfanne erhitzen und die Zwiebel darin glasig anschwitzen. Die Tomaten zugeben und 6 bis 8 Minuten unter öfterem Rühren kochen. Mit Salz und Pfeffer abschmecken.

PROFI-TIPP

Frische Nudeln sind nicht unbedingt besser als getrocknete. Sie haben aber eine viel kürzere Kochzeit. Frische Nudeln sollten Sie immer im Kühlschrank oder der Tiefkühltruhe aufbewahren, bis sie in den Kochtopf kommen.

3 Die Pilze vorsichtig mit einem feuchten Tuch, eventuell auch mit einem Pinsel säubern, in Scheiben schneiden. Die Hälfte der Butter in einer Pfanne aufschäumen lassen und die Pilze darin anbraten, bis sie Saft zu ziehen beginnen. Mit Knoblauch, Zitrone, Salz und Pfeffer würzen.

4 Weiter braten, bis fast alle Flüssigkeit verdampft ist und die Pilze zu bräunen beginnen.

5 Den Ofen auf 200 Grad (Gasherd: Stufe 6) vorheizen. Einen großen Topf Wasser aufkochen, salzen. Eine Schüssel mit kaltemWasser bereitstellen.

6 Die Teigblätter portionsweise im Salzwasser garen, im kalten Wasser abschrecken und auf einem Tuch abtropfen lassen (dieser Schritt entfällt bei der Verwendung vorgegarter Lasagne).

7 Den Boden der Auflaufform mit einer dünnen Schicht Béchamelsoße überziehen. Diese mit einer Lage Nudelblätter bedecken – die Stücke wenn nötig passend zuschneiden. Darauf folgt eine dünne Schicht Pilze, darauf wieder Béchamelsoße. Diese dünn mit Käse bestreuen.

8 Es folgt eine weitere Lage Nudeln, darauf kommt eine dünne Schicht Tomaten, dann wieder Béchamelsoße. Diese wird wiederum mit Käse bestreut.

9 Weiter schichten (aber nicht mehr als 6 Lagen Nudeln), bis alle Zutaten verbraucht sind. Zuoberst kommt Béchamelsoße mit Käse. Lücken zwischen den Lasagneblättern mit den Nudel-Abschnitten ausfüllen. Die restliche Butter oben drauftun.

10 20 Minuten überbacken. Aus dem Ofen nehmen und vor dem Servieren 5 Minuten ruhen lassen.

Pizza mit Chili, Tomaten und Spinat

Diese üppig belegte, leicht feurige Pizza-Variante macht auch abends ordentlich Appetit.

ZUTATEN

für 3 Personen

1–2 frische rote Chilischoten
3 EL Tomatenöl (aus dem Glas der eingelegten getrockneten Tomaten)
1 Zwiebel, gehackt
2 Knoblauchzehen, gehackt
50 g in Öl eingelegte getrocknete Tomaten, abgetropft
400 g geschälte Tomaten, gehackt
1 EL Tomatenmark
175 g frischer Spinat
1 fertiger Pizza Boden, 25 bis 30 cm im Durchmesser
75 g geraspelter Räucherkäse
75 g geriebener pikanter Cheddarkäse
Salz, Pfeffer aus der Mühle

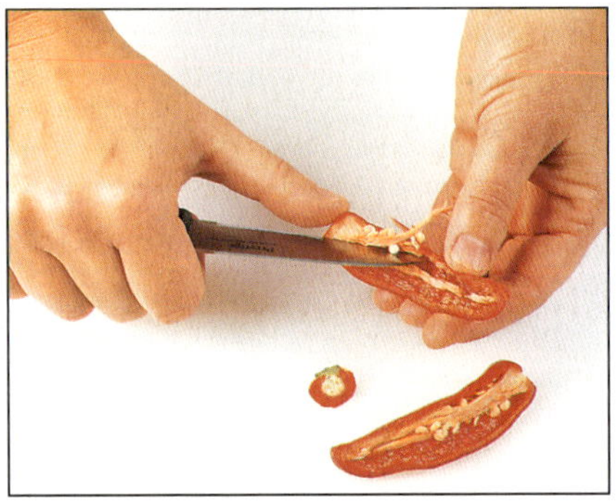

1 Die Chilischoten entkernen und fein hacken – eventuell mit Gummihandschuhen arbeiten.

2 2 Esslöffel Tomatenöl erhitzen und Zwiebel, Knoblauch und Chili darin bei mäßiger Hitze 5 Minuten anschwitzen – das Gemüse soll weich werden.

3 Die getrockneten Tomaten grob hacken, mit den Tomaten und dem Tomatenmark dazu geben. Mit Salz und Pfeffer würzen, 15 Minuten ohne Deckel köcheln.

4 Den Spinat entstielen, gründlich waschen, abtropfen lassen, trocken tupfen und grob hacken.

5 Den Spinat in die Tomatensoße rühren und 5 bis 10 Minuten mit garen, so dass seine Flüssigkeit verdampft. Die Soße abkühlen lassen.

6 Unterdessen den Ofen auf 220 Grad (Gasherd: Stufe 7) anheizen. Den Pizzaboden mit Tomatenöl einpinseln, die Soße darauf verteilen, mit Käse bestreuen und 15 bis 20 Minuten backen, bis der Käse geschmolzen und leicht gebräunt ist. Heiß aus dem Ofen auf den Tisch bringen.

PROFI-TIPP

Der Räucherkäse auf dieser Pizza ergibt mit dem scharfen Chili einen besonderen Geschmacksakkord. Wenn Sie diesen Eindruck verstärken wollen, ersetzen Sie einfach den Cheddar durch weiteren bayerischen Räucherkäse

Paglia e Fieno mit Spinat-Gnocchi

Die luftig-lockeren Spinatklößchen passen ausgezeichnet zu den günen und weißen Bandnudeln.

ZUTATEN

Für 4–6 Personen

500 g grüne und weiße Bandnudeln
Salz, Parmesan zum Garnieren

Für die Spinat-Gnocchi

450 g tiefgekühlter pürierter Spinat
1 kleine Zwiebel, fein gehackt
1 Knoblauchzehe, durchgepresst
eine Prise Muskatnuss
400 g Hüttenkäse
115 g Semmelbrösel (Paniermehl)
75 g Weizengrieß
50 g frisch geriebener Parmesankäse
3 Eiweiß

Für die Tomatensoße

1 Zwiebel, fein gehackt
1 Stengel Bleichsellerie, fein gewürfelt
1 rote Paprika, entkernt und gewürfelt
1 Knoblauchzehe, durchgepresst
150 ml Gemüsebrühe
400 g geschälte Tomaten
1 EL Tomatenmark
2 TL Zucker
1 TL getrockneter Oregano
Salz, Pfeffer aus der Mühle

1 Für die Tomatensoße Zwiebel, Bleichsellerie, Paprika und Knoblauch mit der Gemüsebrühe aufkochen und 5 Minuten garen – das Gemüse soll weich werden.

2 Tomaten, Tomatenmark, Zucker und Oregano dazugeben, mit Salz und Pfeffer würzen und bei sanfter Hitze 30 Minuten garen, dabei leicht einkochen.

3 Für die Gnocchi den Spinat mit Zwiebel und Knoblauch in einem Topf mit Deckel langsam erhitzen, bis er aufgetaut ist. Den Deckel abnehmen und die Flüssigkeit verdampfen lassen. Abkühlen lassen, die übrigen Zutaten einarbeiten. Mit Löffeln Gnocchi formen, 30 Minuten kühlen.

4 Die Gnocchi in sanft siedendem Salzwasser ca. 5 Minuten gar ziehen, abtropfen lassen. Die Nudeln in Salzwasser al dente kochen, abgießen und auf Tellern anrichten. Die Gnocchi und die Tomatensoße darauf geben. Bei Tisch Parmesankäse frisch darüber hobeln.

Bunte Gemüse-Pizza

Die Gemüse-Komposition dieser Pizza lässt sich nach Gusto variieren. Die meisten Sorten schmecken noch besser, wenn sie zuvor leicht gegart werden.

ZUTATEN

Für 4 Personen

400 g Pflaumentomaten, frisch oder aus der Dose
2 mittelgroße Stengel Brokkoli
250 g Spargel
2 kleine Zucchini
5 EL natives Olivenöl
50 g gepalte grüne Erbsen, frisch oder tiefgekühlt
4 Lauchzwiebeln in Ringen
1 Pizzaboden von 25–30 cm Durchmesser
75 g Mozzarella, in Würfel geschnitten
10 frische Basilikumblätter
2 Knoblauchzehen, fein gehackt
Salz, Pfeffer aus der Mühle

1 Den Backofen auf stärkste Hitze gründlich vorheizen. Die Tomaten durch die mittlere Scheibe des Fleischwolfs drehen oder in einer Gemüse-Mouli grob pürieren.

2 Brokkoli teilen, dessen Stiele und den Spargel schälen und in Stücke schneiden. Die Zucchini in Salzwasser blanchieren und längs in Scheiben schneiden. Das übrige Gemüse klein schneiden.

3 Die Erbsen und die Lauchzwiebeln in 2 Esslöffeln Olivenöl 5 bis 6 Minuten unter häufigem Rühren anschwitzen, vom Herd nehmen.

4 Die pürierten Tomaten auf dem Pizzaboden verteilen, den Rand frei lassen. Das übrige Gemüse gefällig auf den Tomaten arrangieren.

5 Mozzarella, Basilikum, Knoblauch und Tomaten darüber streuen, mit Salz und Pfeffer würzen und mit dem restlichen Olivenöl beträufeln. Ca. 20 Minuten backen, bis der Rand goldbraun und der Käse geschmolzen ist.

Pizza mit Pilzen und zweierlei Käse

Bei diesem Rezept gehen die würzigen Pilze mit den beiden sahnigen Käsesorten eine glückliche Geschmacksverbindung ein.

ZUTATEN

Für 4 Personen

1/2 TL Trockenhefe
eine Prise Zucker
450 g Mehl Typ 550
1 TL Salz
2 EL Olivenöl

Für die Tomatensoße

400 g Pizzatomaten
150 ml passierte Tomaten
1 große Knoblauchzehe, fein gehackt
1 TL getrockneter Oregano
1 Lorbeerblatt
2 TL Balsamessig
Salz, Pfeffer aus der Mühle

Für den Belag

2 EL natives Olivenöl
1 Knoblauchzehe, fein gehackt
350 g gemischte Pilze, geputzt und in Scheiben geschnitten
3 EL frische Oreganoblätter und weitere zum Garnieren
250 g Ricotta-Frischkäse
250 g Fontina od. Appenzeller in Scheiben

1 Hefe und Zucker in 300 ml handwarmem Wasser verrühren und 10 Minuten stehen lassen, bis es gärt.

2 Mehl und Salz in eine Schüssel geben und eine Mulde in die Mitte drücken. Den Hefeansatz und das Öl hineingießen, das Ganze zu einem glatten Teig verarbeiten. Auf der bemehlten Arbeitsfläche ca. 10 Minuten kneten, bis der Teig elastisch ist und nicht mehr klebt. In eine bemehlte Schüssel geben, mit einem Tuch bedecken und an einem warmen Ort 1 1/2 Stunden gehen lassen.

3 Die Zutaten für die Soße zugedeckt aufkochen und bei schwacher Hitze ohne Deckel weitere 20 Minuten köcheln lassen.

4 Für den Belag eine Pfanne erhitzen, das Öl hineingeben und Knoblauch und Pilze 5 Minuten bei mäßiger Hitze anschwitzen, mit Salz und Pfeffer würzen.

5 Die Backröhre auf 220 Grad (Gasherd: Stufe 7) vorheizen. Vier Pizzableche leicht einölen. Den Teig kurz durchkneten, in 4 Teile teilen, passend ausrollen und auf die Bleche legen.

6 Die Tomatensoße auf die Teigböden verteilen, die Ränder mit Olivenöl einpinseln. Mit Käse und Pilzen belegen, mit Oregano bestreuen, mit Salz und Pfeffer würzen. Ca. 15 Minuten goldbraun und knusprig backen. Mit frischem Oregano bestreuen und servieren.

PROFI-TIPP

Zum Einfrieren die Pizza zuerst bei Zimmertemperatur erkalten lassen und in Folie wickeln. Ohne Folie auftauen lassen und bei mäßiger Hitze aufbacken.

Rotkohl-Auflauf mit Äpfeln

Mit seinem leuchtenden Rot und den kräftigen Aromen ist dieses Gratin ein ideales Wintergericht. Reichen Sie dazu Vollkornbrot.

ZUTATEN

Für 6 Personen

3 Zwiebeln, gehackt
2 Fenchelknollen, grob gehackt
750 g Rotkohl
2 EL Kümmel
3 große säuerliche Äpfel (z.B. Boskop)
300 ml Naturjogurt
1 EL geriebener Meerrettich
Salz, Pfeffer aus der Mühle
Vollkornbrot als Beilag

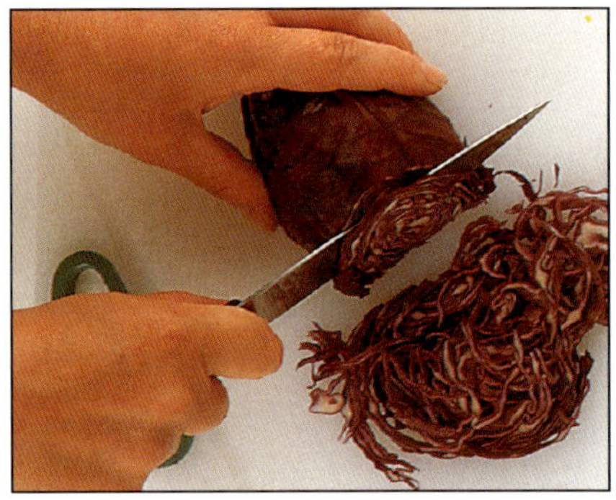

1 Die Backröhre auf 150 Grad vorheizen. Den Kohl ohne Strünke in feine Streifen schneiden oder hobeln, mit Fenchel, Zwiebel und Kümmel mischen. Äpfel schälen, entkernen und fein hacken, unter das Gemüse mischen. Das Ganze in eine Auflaufform füllen.

2 Jogurt mit Meerrettich verrühren und unters Gemüse mischen. Mit Salz und Pfeffer würzen. Die Form dicht mit Alufolie verschließen.

3 1 1/2 Stunden backen, dabei ein paar Mal umrühren. Heiß mit Vollkornbrot servieren.

Artischocken-Allerlei aus dem Ofen

Dieses geschmorte Gemüse aus dem Backofen macht nur wenig Arbeit und ist ein ideales, herzhaftes Gericht für alle Tage.

ZUTATEN

für 4 Personen

2 EL natives Olivenöl
675 g tiefgekühlte Schnittbohnen
4 weiße Rübchen, geschält und gescheibelt
4 Stangen Lauch, in Ringe geschnitten
1 rote Paprika, in Streifen geschnitten
200 g frischer Spinat
2 Dosen Artischockenherzen à 400 g, abgetropft
4 EL Kürbiskerne
japanische Sojasoße
Salz, Pfeffer aus der Mühle

1 Die Backröhre auf 180 Grad (Gasherd: Stufe 4) vorheizen. Das Öl in einen Schmortopf geben. Die Schnitt-bohnen in Salzwasser ca. 10 Minuten blanchieren, abtropfen lassen und mit den anderen Gemüsen in den Schmortopf geben und gut durchmischen.

2 Den Deckel aufsetzen und das Ganze 30 bis 40 Minuten in der Röhre garen – die Rübchen sollen gerade eben weich sein.

3 Nach Belieben Kürbiskerne und Sojasoße einrühren. abschmecken und im Topf auf den Tisch bringen. Deftiges Landbrot dazu reichen. Dazu passt ein kräftiger roter Landwein.

Moussaka mit Linsen

Der herzhafte Auflauf stammt aus der griechisch-byzantinischen Tradition – mit warmem Fladenbrot ein ideales Hauptgericht.

ZUTATEN

Für 6 Personen

500 g Auberginen, in Scheiben geschnitten
125 g Tellerlinsen
600 ml Gemüsebrühe
1 Lorbeerblatt
3 EL natives Olivenöl
1 Zwiebel, in Ringe geschnitten
1 Knoblauchzehe, durchgepresst
250 g Champignons, gescheibelt
400 g gearte Kicherkerbsen, abgetropft
400 g geschälte Tomaten, gehackt
2 EL Tomatenmark
2 EL getrocknete Kräuter der Provence
300 g Jogurt
3 Eier
50 g reifer Cheddar oder anderer Käse, gerieben
Salz, Pfeffer aus der Mühle
Glattblättrige Petersilie zum Garnieren

1 Die Auberginenscheiben salzen und in einen Durchschlag legen, mit einem Teller bedecken und mit einer Konservendose beschweren, mindestens 30 Minuten „weinen" lassen, um die Bitterstoffe zu entfernen.

2 Die Linsen mit dem Lorbeerblatt in der Gemüsebrühe aufkochen und ca. 20 Minuten bei schwacher Hitze garen – sie sollen nicht zu Mus verkochen. Abtropfen lassen und warm halten.

3 Zwiebeln und Knoblauch in einem Esslöffel Olivenöl in einem Schmortopf 5 Minuten anschwitzen, Linsen, Kichererbsen, Tomaten, Tomatenmark, Kräuter der Provence und 3 Esslöffel Wasser zugeben, aufkochen und zugedeckt bei schwacher Hitze 10 Minuten schmoren.

4 Den Ofen auf 180 Grad (Gasherd: Stufe 4) vorheizen. Die Auberginen abspülen, trocken tupfen und im restlichen Öl in der Pfanne von beiden Seiten leicht braun braten.

5 Das Linsengemüse abschmecken. Den Boden einer flachen Gratinform mit Auberginen auslegen, diese mit einer Schicht Linsengemüse bedecken. Restliche Auberginen und das Linsengemüse darauf schichten

6 Joghurt und Eier mixen, mit Salz und Pfeffer kräftig abschmecken und die Masse über das vorbereitete Gemüse gießen. Reichlich mit Käse bestreuen und 45 Minuten überbacken. Mit frischer Petersilie bestreuen, in der Form zu Tisch bringen.

VARIATION

An Stelle der Auberginen kann man Kartoffeln oder auch Zucchini verwenden.

Auberginen-Curry

Eine einfache und köstliche Art, Auberginen zuzubereiten – ihr Geschmack kommt voll zur Geltung.

ZUTATEN

Fürt 4 Personen

1 kg Auberginen (2 große Früchte)
3 EL natives Olivenöl
1/2 TL shwarze Senfkörner
1 Bund Lauchzwiebeln, fein gehackt
125 g kleine Champignons, halbiert
2 Knoblauchzehen, durchgepresst
1 frische rote Chilischote, fein gehackt
1/2 TL Cayennepfeffer
1 EL gemahlener Kreuzkümmel
1 TL gemahlener Koriander
1/4 TL Gelbwurzpulver (Kurkuma)
1 TL Salz
400 g Pizzatomaten
1 EL gehacktes Korianderkraut
Korianderkraut zum Garnieren

1 Den Ofen auf 200 Grad vorheizen. Die Auberginen leicht mit Olivenöl einpinseln, rundum mit einer Gabel einstechen und auf dem Rost des Backofens 30 bis 35 Minuten weich backen.

2 Das übrige Öl in einer Pfanne erhitzen und die Senfkörner darin ca. 2 Minuten anrösten, bis sie zu platzen beginnen.

3 Lauchzwiebeln, Pilze, Knoblauch und Chili zufügen, 5 Minuten braten. Gewürze und Salz dazugeben und 3 bis 4 Minuten braten. Die Tomaten dazutun und alles noch 5 Minuten köcheln.

4 Die Auberginen der Länge nach aufschneiden, das weiche Fruchtfleisch herauslöffeln und leicht pürieren.

5 Auberginenpüree und Korianderkraut in den Topf geben, aufkochen und fünf Minuten bei schwacher Hitze ziehen lassen. Mit frischem Koriander garnieren. Heiß oder kalt servieren.

PROFI-TIPP

Um Öl einzusparen, kann man die Auberginen in Alufolie wickeln und eine Stunde backen.

Pilz-Kartoffel-Korma

Die Gewürzkomposition macht den Reiz dieses leckeren Currys aus.

ZUTATEN

Für 4 Personen

- 50 g Butterschmalz
- 2 Zwiebeln, in Ringe geschnitten
- 2 Knoblauchzehen, durchgepresst
- ein 2,5 cm langes Stück Ingwerwurzel, geschält und geraspelt
- 1 TL gemahlener Kreuzkümmel
- 1 EL gemahlener Koriander
- 6 Kardamomkapseln
- 1 Zimtstange
- 1 TL gemahlener Gelbwurz (Kurkuma)
- 1 frische rote Chilschote, entkernt und fein gehackt
- 1 große Kartoffel, geschält und in 2,5 cm große Würfel geschnitten
- 1 kleine Aubergine, gewürfelt
- 125 g Champignons, dünn gescheibelt
- 125 g Prinzessbohnen, in 2,5 cm lange Stücke geschnitten
- 4 EL Natujogurt
- 150 g Crème double
- 1 TL Garam Masala
- Saslz, Pfeffer aus der Mühle
- Frische Korianderzweiglein zum Garnieren
- Papadam-Fladen zum Dazuessen

1 Butterschmalz in einem Topf zerlassen, die Zwiebel darin 5 Minuten anschwitzen; Knoblauch und Ingwer dazugeben, 2 Minuten anschwitzen; Kreuzkümmel, Koriander und Chili dazutun und unter Rühren 30 Sekunden anschwitzen.

2 Kartoffel, Aubergine und Pilze zufügen und mit knapp 0,2 Litern Wasser ablöschen. Zugedeckt aufkochen und 15 Minuten sanft köcheln. Die Böhnchen dazugeben und ohne Deckel weitere 5 Minuten fertig garen.

VARIATION

Ein Korma kann man auch mit anderen Gemüsen zubereiten, z.B. Möhren, Blumenkohl, Brokkoli und Kichererbsen.

3 Das Gemüse mit einer Siebkelle herausnehmen und in einer Schüssel warm halten. Den Fond aufkochen und leicht reduzieren, Jogurt, Crème double und Garam Masala einrühren. Die Soße über das Gemüse geben, mit Koriander garnieren. Papadams dazu reichen.

Curry mit Okra und Pilzen

Zu diesem einfach delikaten Curry mit pikantem Mango-Relish passt am besten Basmatireis.

ZUTATEN

Für 4 Personen

4 Knoblauchzehen, grob gehackt
ein 2,5 cm langes Stück Ingwerwurzel, geschält und grob gehackt
1–2 frische rote Chilischoten, entkernt und fein gehackt
1 EL Sonnenblumenöl
1 TL Korianderkörner
1 TL Kreuzkümmelsamen
1 TL gemahlener Kreuzkümmel
die gemahlenen Kerne von 2 Kardamomkapseln
eine Prise Gelbwurzpulver (Kurkuma)
400 g Pizzatomaten
500 g Champignons, größere Exemplare halbiert oder geviertelt
250 g Okraschoten, geputzt und in 1 cm lange Stücke geschnitten
2 EL gehacktes Korianderkraut

Für den Mango-Relish

1 große reife Mango (ca. 500 g)
1 kleine Knoblauchzehe, durchgepresst
1 Zwiebel, fein gehackt
2 TL frisch geriebene Ingwerwurzel
1 frische rote Chilischote, entkernt und fein gehackt
Je eine Prise Salz und Zucker

1 Für den Relish die Mango schälen und das Fruchtfleisch vom Stein losschneiden.

PROFI-TIPP

Kaufen Sie feste Okraschoten von frischer Farbe und höchstens 10 Zentimeter Länge.

2 Das Mangofleisch pürieren und mit den übrigen Zutaten für den Relish mischen.

3 Knoblauch, Ingwer und Chilis mit 3 Esslöffeln kaltem Wasser im Mixer fein pürieren.

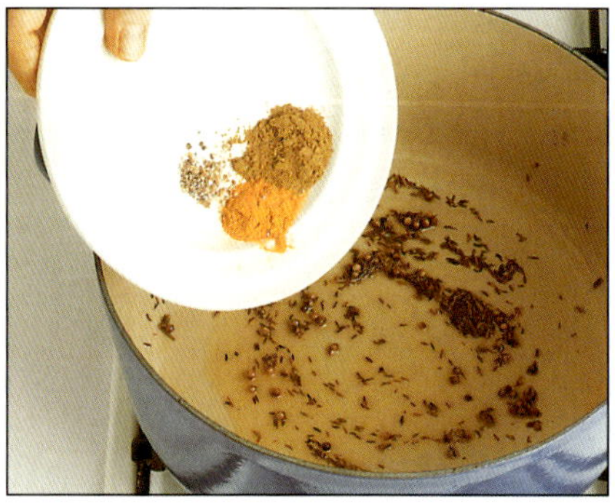

4 Das Öl in einem großen Tlpf erhitzen. Korianderkörner und Kreuzkümmelsamen einige Sekunden anschwitzen. Die gemahlenen Gewürze dazugeben und noch 1 Minute anschwitzen.

5 Knoblauchpaste, Tomaten und 1/8 Liter Wasser dazugeben. Durchrühren, Pilze und Okra dazu geben. Aufkochen und bei schwacher Hitze zugedeckt 5 Minuten garen.

6 Ohne Deckel bei etwas stärkerer Hitze weitere 5 bis 10 Minuten garen – der Okra soll knapp weich sein.

7 Das frische Korianderkraut einrühren, das Gericht mit Mango-Relish und Reis servieren.

Provenzalische gefüllte Paprika

Gefüllte bunte Paprika sind nicht nur in Südfrankreich beliebt.

ZUTATEN

Für 4 Personen

1 EL natives Olivenöl
1 rote Zwiebel, in Ringe geschnitten
1 Zucchino, in Würfel geschnitten
125 g Champignons, gescheibelt
1 Knoblauchzehe, durchgepresst
400 g Pizzatomaten (Dosenware)
1 EL Tomatenmark
40 g Pinienkerne
2 EL gehackte Basilikumblätter
4 große gelbe Paprikaschoten
50 g geriebener Greyerzer-Käse
Salz, Pfeffer aus der Mühle
frisches Basilikum zum Garnieren

1 Den Ofen auf 180 Grad (Gasherd: Stufe 4) vorheizen. Zwiebel, Zucchino, Knoblauch und Pilze im Öl drei Minuten anschwitzen, gelegentlich umrühren.

2 Tomaten und Tomatenmark einrühren, aufkochen und ohne Deckel 10 bis 15 Minuten köcheln, ab und zu umrühren – die Soße soll etwas eindicken. Vom Herd nehmen, Basilikum und Pinienkerne zugeben, würzen.

3 Die Paprikaschoten längs halbieren und entkernen, in siedendem Salzwasser ca. 3 Minuten blanchieren, abtropfen lassen.

4 Die Paprika in eine flache Auflaufform legen und mit der Gemüsemischung füllen.

5 Mit Alufolie abdecken und 20 Minuten backen. Die Folie entfernen, die Paprika mit dem Käse bestreuen und 5 bis 10 Minuten bei starker Oberhitze gratinieren. Dazu schmeckt ein Rotwein aus der Provence.

VARIATION

Mit dieser Mischung lassen sich auch andere Gemüse füllen, z.B. Zucchini, Auberginen oder Gemüsezwiebeln

Kichererbsen-Auberginen-Eintopf

Eine beliebte Spezialität aus der würzigen Küche des Libanon.

ZUTATEN

Für 4 Personen

3 große Auberginen, gewürfelt
200 g Kichererbsen, über Nacht eingeweicht
4 EL natives Olivenöl
3 Knoblauchzehen, fein gehackt
2 große Zwiebeln, gehackt
1/2 TL gemahlener Kreuzkümmel
1/2 TL Zimtpulver
1/2 TL gemahlener Koriander
3 mal 400 g Pizzatomaten (Konserve)
Salz, Pfeffer aus der Mühle

Zum Garnieren

2 EL natives Olivenöl
1 Zwiebel, in dünne Ringe geschnitten
1 große Knoblauchzehe, dünn gescheibelt
1 Bund Korianderkraut

1 Die Auberginen salzen, in einen Durchschlag geben, mit einem Teller bedecken und beschweren. Eine halbe Stunde „weinen" lassen, um die bitteren Säfte zu entfernen. Mit kaltem Wasser abspülen und mit Küchenkrepp trockentupfen.

2 Die Kichererbsen mit Wasser ohne Salz aufkochen und 1 bis 1 1/2 Stunden bei milder Hitze zugedeckt garen; gegen Ende der Kochzeit salzen, abgießen

3 Das Öl in einem Schmortopf erhitzen, Zwiebel und Knoblauch anschwitzen. Die Gewürze hinzufügen und ganz kurz anschwitzen. Die Auberginen dazugeben, 5 Minuten anbraten. Tomaten und Kichererbsen zugeben, würzen und 20 Minuten zugedeckt köcheln .

4 Für die Garnitur eine Pfanne stark erhitzen, das Öl hineingeben und Zwiebel und Knoblauch darin unter Rühren knusprig anrösten. Den Eintopf damit bestreuen und mit frischem Korianderkraut garnieren. Reis dazu reichen. Und natürlich einen Roten aus dem Libanon.

Pikanter Eintopf mit Käsekrusteln

Variieren Sie die Gemüsemmischung nach Belieben – nur die gesamte Menge soll gleich bleiben. Beachten Sie, dass manche Gemüsesorten eine längere Garzeit brauchen.

ZUTATEN

Für 6 Personen

2 EL Pflanzenöl
2 Knoblauchzehen, durchgepresst
1 Zwiebel, grob gehackt
1 TL Paprikapulver
500 g Kartoffeln, geschält und gewürfelt
500 g Sellerie, in Würfel geschnitten
350 g Möhren, geschält und klein geschnitten
350 g geputzter Lauch, in Stücke geschnitten
250 g Braune Champignons, halbiert
4 TL Mehl
600 ml Gemüsebrühe
400 g Pizzatomaten (Konserve)
1 EL Tomatenmark
2 EL frische Thymianblätter
400 g rote Kidneybohnen aus der Dose, abgetropft und abgespült
Salz, Pfeffer aus der Mühle
Evtl. frischer Thymian zum Garnieren

Für die Krusteln

125 g Butter
250 g Mehl
1/2 Tütchen Backpulver
125 geriebener Cheddarkäse
2 EL Schnittlauchröllchen
ca. 5 EL Milch

1 Den Ofen auf 180 Grad (Gasherd: Stufe 4) vorheizen. Das Öl in einem Schmortopf erhitzen, Zwiebel und Knoblauch 5 Minuten kräftig anschwitzen. Paprika zugeben und 1 Minute mitbraten.

2 Das Gemüse dazugeben und 3 bis 4 Minuten anbraten, mit Mehl bestäuben und noch eine Minute unter Rühren braten.

3 Mit der Brühe ablöschen, Tomaten, Tomatenmark und Thymian dazugeben, mit Salz und Pfeffer würzen, unter Rühren aufkochen, zudecken und in der Backröhre 30 Minuten garen.

4 Für die Krusteln Mehl und Backpulver mit der Butter krümelig verreiben, die Hälfte des Käses und den Schnittlauch dazugeben, würzen und mit Milch zu einem glatten Teig kneten.

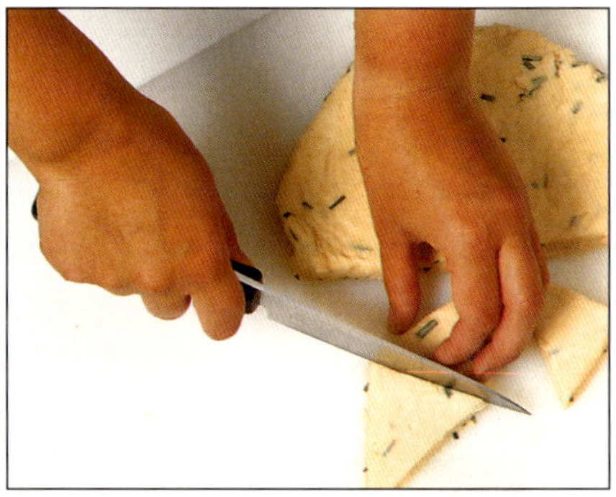

5 Den Teig 2,5 cm dick ausrollen, in 12 Dreiecke schneiden und mit Milch bepinseln.

6 Den Topf aus dem Ofen nehmen und die Bohnen untermischen. Die Teig-Dreiecke obenauf legen, mit dem restlichen Käse bestreuen und weitere 20 bis 25 Minuten backen. Vor dem Servieren mit frischen Thymianzweigen garnieren.

Süßsaurer Bohnenauflauf

Ein Bohnenmix in würziger Soße versteckt sich unter einer verführerisch knusprigen Kartoffelkruste.

ZUTATEN

Für 6 Personen

500 g Kartoffeln
1 EL natives Olivenöl, 40 g Butter
40 g Vollkorn-Weizenmehl
300 g passierte Tomaten (Konserve)
150 ml Apfelsaft
je 4 EL brauner Rohrzucker, Tomatenketschup, Fino-Sherry, Apfelessig und japanische Sojasoße
400 g dicke Bohnen (evtl. Konserve)
400 g weiße Bohnenkerne (Konserve)
400 g gegarte Kichererbsen (evtl. Dose)
175 g grüne Bohnen, geschnitten und blanchiert
250 g Schalotten, gescheibelt und blanchiert
250 g Champignons, gescheibelt
je 1 EL frischer Thymian und Majoran
Salz, Pfeffer aus der Mühle
Frische Kräuter zum Garnieren

1 Den Ofen auf 200 Grad (Gasherd: Stufe 6) vorheizen. Kartoffeln schälen, dünn scheibeln und in Salzwasser 3 bis 4 Minuten blanchieren, auf einem Durchschlag abtropfen lassen, mit dem Öl anmachen.

2 Butter, Mehl, passierte Tomaten, Apfelsaft, Ketschup, Sherry, Essig und Sojasoße unter ständigem Rühren mit dem Schneebesen erhitzen, bis die Soße gleichmäßig gebunden ist. Drei Minuten unter Rühren köcheln lassen.

3 Bohnen und Kichererbsen abspülen, abtropfen lassen und mit den übrigen Zutaten außer der Kräutergarnitur in die Soße rühren, gut durchmischen.

4 Das Bohnengemüse in eine flache Auflaufform füllen.

5 Die Bohnen mit den Kartoffelscheiben schuppenartig überlappend bedecken.

6 Die Form mit Alufolie abedecken und 1 Stunde backen, bis die Kartoffeln gar sind. Die Folie entfernen und den Auflauf bei starker Oberhitze 20 Minuten bräunen. Mit frischen Kräutern garniert auftragen.

PROFI-TIPP

Die Bohnenmischung in diesem Gericht können Sie je nach dem Inhalt Ihrer Speisekammer beliebig variieren.

Gefüllte Kartoffeln aus dem Ofen

Schlichte Baked Potaoes werden mit ein paar Kräuter- und Gewürz-Tricks zum Feinschmeckergericht.

ZUTATEN

Für 2–4 Personen

2 große Backkartoffeln
1 TL Sonnenblumenöl
1 kleine Zwiebel, fein gehackt
2,5 cm Ingwerwurzel, fein gehackt
1 TL gemahlener Kreuzkümmel
1 TL gemahlener Koriander
1/2 TL gemahlener Gelbwurz (Kurkuma)
Knoblauchsalz
Naturjogurt und Korianderkraut zum Anrichten

1 Den Ofen auf 190 Grad (Gasherd: Stufe 5) vorheizen. Die gewaschenen Kartoffeln rundum mit einer Gabel einstechen und 1 Stunde backen.

2 Die Kartoffeln halbieren und aushöhlen. Die Zwiebel im Öl in einer beschichteten Pfanne ein paar Minuten anschwitzen, die Gewürze dazugeben.

3 Nach 2 Minuten die Kartoffelmasse dazugeben, mit Knoblauchsalz abschmnecken.

4 Die Kartoffelmasse weitere 2 Minuten unter Rühren braten. Die Masse wieder in die Schalen füllen, jede Kartoffelhälfte mit einem Löffel Jogurt und einem Zweiglein Koriander garnieren. Heiß servieren.

Knuspriges Lauch-Gratin

Je frischer und knackiger der Lauch, um so leckerer ist er – das gilt natürlich auch für jedes andere Gemüse. Junger, zarter Frühlingslauch ist nicht nur für diesen traumhaften Auflauf die erste Wahl.

ZUTATEN

Für 4 Personen

25 g Butter
8 Stangen junger Lauch, ca. 750 g
2 kleine Eier oder 1 großes, aufgeschlagen
150 g Ziegen-Frischkäse (z.B. Snöfrisk)
100 g Naturjoghurt
50 g frisch geriebener Parmesan
25 g frische Brösel von Weiß- oder Roggenbrot
Salz, Pfeffer aus der Mühle

1 Den Backofen auf 180 Grad (Gasherd: Stufe 4) vorheizen. Den Lauch nicht ganz bis zum Wurzelansatz längs einschneiden, gründlich waschen und abtropfen lassen.

2 Den Lauch in siedendem Salzwasser 6 bis 8 Minuten blanchieren, abtropfen lassen und in eine gebutterte Auflaufform legen.

3 Die Eier mit Ziegen-Frischkäse, Jogurt und der Hälfte des Parmesans mixen, mit Salz und Pfeffer abschmecken.

4 Die Käse-Jogurt-Mischung über den Lauch verteilen. Die Brösel mit dem restlichen Parmesan mischen und darüber streuen. 35 bis 40 Minuten goldbraun backen. Dazu schmeckt am besten ein rassiger Riesling.

Tofu mit Eiernudeln aus dem Wok

Eine hinreißende, pikant-süße Überraschung für Liebhaber der chinesischen Kochkunst.

ZUTATEN

für 4 Personen

250 g geräucherter Tofu (Sojaquark)
3 EL dunkle Sojasoße
2 EL Sherry oder weißer Wermut
3 Stangen junger Lauch
2,5 cm frische Ingwerwurzel, gerieben
1–2 frische rote Chilis, entkernt und in dünne Ringe geschnitten
1 rote Paprikaschote, entkernt und in feine Ringe geschnitten
150 ml Gemüsebrühe
2 TL flüssiger Honig
2 TL Stärkemehl
250 g chinesische Eiernudeln
Salz, Pfeffer aus der Mühle

1 Den Tofu in 2,5 cm große Würfel schneiden; Sherry bzw. Wermut und Sojasoße mischen und den Tofu darin 30 Minuten marinieren.

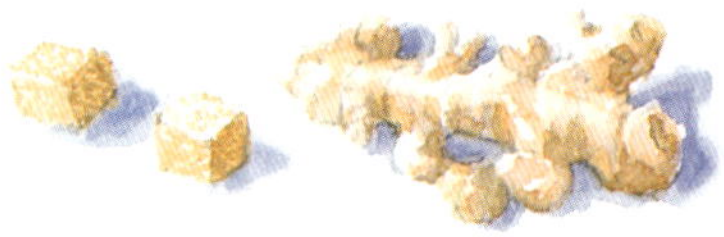

2 Lauch, Ingwer, Chili und Paprika mit der Gemüsebrühe im Wok oder einer Pfanne aufkochen und bei starker Hitze 2 bis 3 Minuten knackig garen.

3 Den Tofu aus der Marinade nehmen; Honig und die mit wenig Wasser angerührte Speisestärke in die Marinade rühren.

4 Die Eiernudeln in einen Topf mit kochendem Salzwasser geben, vom Herd nehmen und sechs Minuten einweichen, dabei mit einer Gabel auflockern.

5 Die Tofuwürfel in einer beschichteten Pfanne rundum goldbraun braten.

6 Im Wok oder einem Schmortopf das Gemüse mit der Marinade aufkochen, bis die Soße andickt. Den Tofu dazugeben, kurz durchschwenken und mit den Nudeln mischen. Sofort servieren.

VARIATION

Tofu nimmt beim Marinieren rasch Aromen an. Wer ihn nicht so gerne mag, kann ihn in diesem Rezept durch geräucherten Käse, z.B. aus Bayern, ersetzen – er braucht nicht gebraten zu werden.

Kartoffelgratin mit Pilzen und roter Bete

In diesem göttlichen Auflauf steckt die Seele der traditionellen volkstümlichen polnischen Küche.

ZUTATEN

Für 4 Personen

2 EL Pflanzenöl
1 mittelgroße Zwiebel, gehackt
20 g Weizenmehl
300 ml Gemüsebrühe
750 g gegarte rote Bete, geschält und gewürfelt
5 EL süße Sahne
2 EL Sahnemeerettich
1 TL scharfer Senf
1 EL Rotweinessig
1 TL Kümmel
25 g Butter
1 Schalotte, fein gehackt
250 g geputzte, geschnittene Pilze aus Zucht oder freier Natur
3 EL gehackte schlichte Petersilie

Für den Kartoffelkranz

1 kg mehlinge Kartoffeln
150 ml Milch
evtl. 1 EL frische Dillspitzen
Salz, Pfeffer aus der Mühle

1 Den Ofen auf 190 Grad (Gasherd: Stufe 5) vorheizen. Eine flache Auflaufform leicht einölen. Das Öl in einer Kasserolle erhitzen, die Zwiebel darin glasig anlaufen lassen. Das Mehl darüber stäuben, nach und nach mit der Brühe ablöschen, ausquellen lassen.

2 Nochmals aufkochen, die Rote Bete, die Sahne, Meererettich, Senf und Kümmel dazugeben und kurz durchkochen.

3 Für den Kartoffelkranz die Kartoffeln schälen, klein schneiden und in Salzwasser garen. Abgießen und zerstampfen, die Milch einarbeiten, mit Salz, Pfeffer und eventuell Dill würzen.

4 Den Kartoffelbrei in die Form geben, in der Mitte eine Mulde machen, diese mit der vorbereiteten roten Bete füllen.

5 Die Butter in einer Pfanne aufschäumen lassen und die Schalotte darin anschwitzen. Die Pilze dazu geben und braten, bis sie Saft ziehen. Die Hitze erhöhen, damit der Saft verdampfen kann. Mit Salz und Pfeffer und Petersilie würzen.

6 Die Pilze über die rote Bete verteilen, das Ganze mit Folie abdecken und 30 Minuten backen. Mit der restlichen Petersilie bestreuen und sofort zu Tisch bringen. Dazu schmeckt am besten ein kühles Bier.

PROFI-TIPP

Dieses Gericht kann komplett vorbereitet werden. Sie brauchen es dann nur für 50 Minuten in den Ofen zu stellen, wenn es vorher zimmerwarm war.

FÜR GÄSTE

Gebratene Aubergine mit heißer Vinaigrette

Außen knusprig, innen herrlich zart – zu diesen Auberginenscheiben schmeckt ein säuerlich-pikantes Dressing mit Kapern und Chili .

ZUTATEN

Für 2 Portionen

1 große Aubergine
50 g Mehl
2 Eier, verquirlt
115 g frische weiße Semmelbrösel
Pflanzenöl zum Braten
1 Kopf Radicchio
Salz, schwarzer Pfeffer aus der Mühle

Für das Dressing

2 EL Olivenöl
1 Knoblauchzehe, durchgepresst
1 EL Kapern, abgetropft
1 EL Weißweinessig
1 EL Chiliöl

1 Von der Aubergine die Enden abschneiden. In 1 cm dicke Scheiben schneiden.

2 Mehl mit reichlich Salz und Pfeffer vermischen. Auf einem flachen Teller verteilen. Verquirlte Eier auf einen zweiten, Semmelbrösel auf einen dritten Teller geben.

3 Auberginenscheiben zuerst in Mehl wälzen, dann in die Eier tauchen, zum Schluss mit Semmelbröseln panieren. Auf eine gleichmäßige Hülle achten.

4 Eine große Pfanne etwa 5mm hoch mit Öl füllen. Öl erhitzen und die Auberginen darin 3–4 Minuten braten, dabei einmal wenden. Auf Küchenpapier gut abtropfen lassen.

5 Für das Dressing Olivenöl in einem kleinen Topf erhitzen. Knoblauch und Kapern darin 1 Minute andünsten. Mit Essig ablöschen, etwa 30 Sekunden kochen. Chiliöl zugeben, Topf vom Herd nehmen.

6 Radicchioblätter auf zwei Tellern anrichten. Gebratene Auberginen daraufgeben, mit Dressing beträufeln und servieren.

PROFI-TIPP

Wenn Sie die Auberginen zuvor mit Salz bestreuen und Wasser ziehen lassen, braten sie knuspriger und nehmen auch weniger Öl auf.

Brokkoli-Timbales

Ein Gericht, mit dem Sie Ihre Gäste beeindrucken können, das jedoch nicht viel Arbeit macht. Sie können praktisch jedes pürierte Gemüse dafür verwenden, zum Beispiel Möhren oder Sellerie. Um Ihre Gäste entspannt bewirten zu können, bereiten Sie die Timbales vor und erwärmen sie dann nur.

ZUTATEN

Für 4 Portionen

1 EL Butter
350 g Brokkoliröschen
3 EL Crème fraîche oder Sahne
1 ganzes Ei und 1 Eigelb
1 EL gehackte Frühlingszwiebel
1 Prise geriebene Muskatnuss
Salz, schwarzer Pfeffer aus der Mühle
nach Belieben Weißwein-Butter-Soße zum Servieren
Schnittlauchröllchen zum Garnieren

1 Backofen auf 190 Grad (Gasherd: Stufe 5) vorheizen. Vier kleine Auflaufförmchen (Inhalt: ca. 175 ml) dünn buttern. Böden mit Backpapier auslegen und ebenfalls buttern.

2 Brokkoliröschen in einem Topf mit Dämpfeinsatz im heißen Wasserdampf 8–10 Minuten gut durchgaren.

3 Brokkoli in eine Küchenmaschine füllen. Sahne, Ei und Eigelb zugeben und alles zu einer weichen Masse verarbeiten.

4 Frühlingszwiebel zugeben, mit Salz, Pfeffer und Muskat würzen. Nochmals durchmixen.

5 Püree in die Förmchen füllen und auf eine Fettpfanne setzen. Wasser zugießen, bis die Förmchen zur Hälfte in Wasser stehen. 25 Minuten im Ofen garen. Auf angewärmte Teller stürzen, Papier entfernen. Als Vorspeise mit einem Soßenspiegel und Schnittlauchröllchen anrichten.

Käsecreme mit gedämpften Gemüse

Diese cremige Käsesoße heißt in Italien Fonduta. Traditionell wird sie mit weißem Trüffel und Brotscheiben angerichtet, schmeckt aber auch köstlich zu Gemüse.

ZUTATEN

Für 4 Portionen

Gemüse nach Belieben und Angebot wie Fenchel, Brokkoli, Möhren, Blumenkohl und Zucchini
8 EL Butter
12–16 Scheiben italienisches oder französisches Baguette

Für die Käsecreme

300 g Fontina-Käse (schnittfester italienischer Bergkäse)
1 EL Mehl
Milch nach Bedarf
4 EL Butter
50 g frisch geriebener Parmesan
1 Prise geriebene Muskatnuss
2 Eigelb (ungekühlt)
nach Belieben gehobelter weißer Trüffel
Salz, schwarzer Pfeffer aus der Mühle

1 Etwa 6 Stunden vor dem Servieren für die Käsesoße den Fontinakäse in Stücke schneiden, in eine Schüssel füllen. Mehl darüberstäuben. Käse knapp mit Milch bedecken und kühl stellen. Vor dem Kochen sollte der Käse Zimmertemperatur haben.

2 Kurz bevor Sie die Soße zubereiten, das Gemüse dämpfen. Auf einer Servierplatte anrichten, Butterflöckchen daraufsetzen und warm halten.

3 Brot buttern und unter dem Grill oder im Backofen leicht rösten.

4 Für die Käsecreme Butter in einer Schüssel schmelzen, auf einen Topf mit kochendem Wasser setzen. Fontina-Käse sieben und mit 3–4 EL der Milch zugeben. Unter Rühren aufkochen, bis der Käse schmilzt. Wenn sich der Käse aufgelöst hat, Parmesan zugeben und weiterrühren, bis auch dieser sich aufgelöst hat. Mit Muskat, Salz und Pfeffer abschmecken.

5 Vom Herd nehmen und sofort die durch ein Sieb gestrichenen Eigelbe unterrühren. In angewärmte Portionsschälchen füllen, nach Belieben mit dünn gehobeltem weißem Trüffel servieren. Gemüse und geröstetes Brot dazu reichen.

Blätterteigbeutel mit Paprikafüllung

In diesen knusprigen kleinen Beuteln verbirgt sich eine köstliche Mischung aus Paprika und Kresse.

ZUTATEN

Für 8 Stück

3 rote Paprikaschoten
175 g Brunnenkresse
225 g Ricottakäse
50 g Mandeln, blanchiert, abgezogen, geröstet und gehackt
8 Scheiben Blätterteig
2 EL Olivenöl
Salz, schwarzer Pfeffer aus der Mühle
grüner Salat zum Servieren

1 Ofen auf 190 Grad (Gasherd: Stufe 5) vorheizen. Paprikaschoten unter dem Grill rösten, bis sie blasig und schwarz werden. Mit einem feuchten Handtuch bedecken. Sobald sie kühl genug sind, häuten und entkernen.

2 Paprika und gewaschene Brunnenkresse in einer Küchenmaschine grob hacken. In eine Schüssel füllen.

3 Nach und nach Ricotta und Mandeln untermischen. Mit Salz und Pfeffer abschmecken.

4 Jede Blätterteigscheibe in zwei große (18 mal 18 cm) und zwei kleine Quadrate (5 mal 5 cm) schneiden. Je eines der großen Quadrate mit etwas Öl bepinseln und ein zweites um 90 Grad versetzt darauflegen, so dass eine Sternform entsteht.

5 Eines der kleinen Quadrate vorsichtig in die Mitte des Sterns legen. Mit wenig Öl bepinseln und mit dem zweiten kleinen Quadrat bedecken.

6 Etwa 1/8 der Mischung daraufsetzen. Teigenden vorsichtig zusammendrehen, so dass ein Beutel entsteht. Auf ein leicht gefettetes Backblech setzen und goldbraun knusprig backen. Mit grünem Salat servieren.

PROFI-TIPP

Am praktischsten ist tiefgekühlter Blätterteig. Lassen Sie ihn einige Minuten antauen und rollen Sie ihn zunächst auf die doppelte Größe aus.

Buchweizenblinis mit Pilz-Kaviar

Diese russischen Pfannküchlein werden eigentlich mit Fischrogen-Kaviar und saurer Sahne gegessen. Den Ausdruck Kaviar benutzt man aber auch für feingehackte Gemüsemischungen. Diese hier wird aus aromatischen Pilzen hergestellt.

ZUTATEN

Für 4 Portionen

115 g Mehl
50 g Buchweizenmehl
1/2 TL Salz
300 ml Milch
1 TL Trockenhefe
2 Eier, getrennt
200 ml saure Sahne oder Crème fraîche zum Servieren

Für den Kaviar

350 g gemischte Wildpilze wie Maronenröhrling, Austernseitling, Pfifferling, Wiesenchampignon oder Steinpilz
1 TL Selleriesalz
2 EL Walnussöl
1 EL Zitronensaft
3 EL gehackte frische Petersilie
schwarzer Pfeffer aus der Mühle

1 Für den Kaviar Pilze säubern, putzen und hacken. In eine Glasschüssel füllen, mit dem Selleriesalz mischen und mit einem schweren Teller bedecken.

2 Pilze ungefähr 2 Stunden ziehen lassen, bis sie Wasser gezogen haben. Dann sorgfältig waschen, um das Salz zu entfernen.

3 Abtropfen lassen und so viel Flüssigkeit wie möglich mit einem Löffelrücken aus den Pilzen drücken. Wieder in die Schüssel geben, Walnussöl, Zitronensaft und Petersilie zugeben. Pfeffern und bis zum Servieren kalt stellen.

4 Die beiden Mehlsorten und Salz in einer großen Rührschüssel mischen. Milch lauwarm erwärmen. Hefe darin unter Rühren auflösen, zum Mehl gießen. Eigelb unterarbeiten, so dass ein geschmeidiger Teig enststeht. Mit einem feuchten Tuch bedeckt an einem warmen Ort ca. 30 Minuten gehen lassen.

5 Eiweiß in einer sauberen Schüssel steif schlagen. Unter den aufgegangenen Teig heben.

6 Eine gußeiserne Pfanne erhitzen. Leicht ölen. Teig löffelweise hineingeben und kurz backen. Pfannküchlein wenden und fertigbacken. Blinis mit Pilzkaviar anrichten, dazu saure Sahne reichen.

Griechische Teignester

Packen Sie diese Teigpäckchen aus, und Sie werden mit einer Füllung aus Spinat und Feta belohnt.

ZUTATEN

Für 4 Portionen

1 EL Olivenöl
1 kleine Zwiebel, fein gehackt
275 g frischer Spinat, entstielt
4 EL Butter, geschmolzen
4 Scheiben Blätterteig (ca. 45 x 25 cm)
1 Ei
1 Prise geriebene Muskatnuss
75 zerkrümelter Fetakäse
1 EL frisch geriebener Parmesankäse
Salz, schwarzer Pfeffer aus der Mühle

1 Den Backofen auf 190 Grad (Gasherd: Stufe 5) vorheizen. Öl in einem Topf erhitzen. Zwiebelwürfel darin unter Rühren glasig andünsten.

2 Gewaschenen und verlesenen Spinat tropfnass zugeben und zusammenfallen lassen. Dünsten bis die Flüssigkeit verdampft. Abkühlen lassen.

3 Vier kleine Quicheförmchen (Durchmesser: 10 cm) mit Butter auspinseln. Zwei der Blätterteigscheiben in je 8 Quadrate (12 mal 12 cm groß) schneiden. Restlichen Blätterteig noch zugedeckt liegen lassen.

4 Vier Quadrate mit Butter bepinseln. Ein Förmchen mit einem Teig-Quadrat auslegen, dabei leicht am Boden und am Rand der Form andrücken. Teigränder überhängen lassen.

5 Die weiteren drei Teigquadrate versetzt darüberlegen, so dass die Ränder sternförmig überlappen. Restlichen Formen ebenso mit je vier Teigstücken auslegen.

6 Ei mit Muskat, Salz und Pfeffer würzen, verquirlen. Mit dem Käse zum Spinat geben und mischen. Mischung auf die Backförmchen verteilen. Überhängende Teigränder über die Füllung falten.

7 Aus einem der restlichen Teigblätter 8 Kreise (10 cm Durchmesser) schneiden. Buttern, auf jede Form zwei legen. Rundherum festdrücken. Letztes Teigblatt mit Butter bepinseln und in Streifen schneiden. Streifen verzwirbeln, die Teignester damit verzieren. Kurz stehen lassen, 30 bis 35 Minuten backen. Schmeckt heiß oder kalt.

Terrine von gebratenem Gemüse

Beeindrucken Sie Ihre Gäste mit dieser farbenfrohen Schichtspeise aus mediterranem Gemüse.

ZUTATEN

Für 6 Portionen

je 2 große rote und gelbe Paprikaschoten, geviertelt und entkernt
1 große Aubergine, der Länge nach in Scheiben geschnitten
2 große Zucchini, der Länge nach in Scheiben geschnitten
6 EL Olivenöl
1 große rote Zwiebel, in dünnen Ringen
75 g Rosinen
1 EL Tomatenmark
1 EL Rotweinessig
400 ml Tomatensaft
2 EL vegetarische Gelatine
frisches Basilikum zum Garnieren

Für das Dressing

6 EL Olivenöl
2 EL Rotweinessig
Salz, schwarzer Pfeffer aus der Mühle

1 Paprikaschoten mit der Haut nach oben grillen, bis sie schwarz sind. In eine Schüssel geben und abdecken.

2 Aubergine und Zucchinis auf zwei Blechen auslegen. Mit Öl bepinseln und grillen.

3 Restliches Olivenöl in einer Pfanne erhitzen. Zwiebel, Rosinen, Tomatenmark und Essig zugeben, einige Minuten köcheln.

4 Eine Terrinenform (1,75 l) mit Klarsichtfolie auslegen.

5 Gelatine in der Hälfte des Tomatensafts bei schwacher Hitze auflösen.

6 Rote Paprikaschoten in die Terrine schichten, mit etwas Tomatengelatine bedecken. Aubergine, Zucchini, gelbe Paprika und Zwiebelmischung zufügen.

7 Jede Lage mit Tomatensaft bedecken, mit einer Schicht roter Paprika abschließen.

8 Mit dem restlichen Tomatensaft den Satz aus der Pfanne lösen. Über die Terrine geben. Durch Klopfen den Saft verteilen. Bedecken und in den Kühlschrank stellen, bis sie fest geworden ist.

9 Für das Dressing Öl, Essig, Salz und Pfeffer kräftig miteinander verquirlen.

10 Terrine stürzen, Klarsichtfolie entfernen. In dicke Scheiben schneiden. Mit Dressing und Basilikum servieren.

Lauch-Soufflé

Soufflés sind ein gutes Mittel, um Ihre Gäste ins Staunen zu versetzen. Dieses hier sieht toll aus, ist aber einfach herzustellen.

ZUTATEN

Für 2–3 Portionen

1 EL Butter
1 EL Sonnenblumenöl
3 EL Butter
2 Stangen Lauch (Porree), in dünne Ringe geschnitten
etwa 300 ml Milch
25 g Mehl
4 Eier, getrennt
75 g geriebener Emmentaler oder Gruyère
Salz, schwarzer Pfeffer aus der Mühle

1 Ofen auf 180 Grad (Gasherd: Stufe 4) vorheizen. Eine große Souffléform ausbuttern. Sonnenblumenöl und 1 EL Butter in einem kleinen Topf oder in einer feuerfesten Kasserolle erhitzen, die Lauchringe darin glasig andünsten.

2 Milch zugießen und zum Kochen bringen. Lauch zugedeckt 4–5 Minuten garen. Flüssigkeit durch ein Sieb gießen, in einem Messbecher auffangen.

3 Restliche Butter schmelzen. Mehl einstreuen und glattrühren. Vom Herd nehmen.

4 Aufgefangene Flüssigkeit mit Milch auf 300 ml auffüllen. Mehlschwitze nach und nach mit Milch ablöschen. Wieder aufkochen. Wenn die Soße angedickt hat, vom Herd nehmen. Etwas abkühlen lassen, Eigelb, geriebenen Käse und Lauch unterrühren.

5 Eiweiß steif schlagen und mit einem großen Löffel unter die Lauchsoße heben. In die vorbereitete Souffléform füllen und 30 Minuten backen, bis die Masse luftig aufgegangen und goldbraun ist. Sofort servieren.

Brokkoli-Terrine mit Kastanien

Diese wandelbare Terrine passt zu einem Picknick oder einer Party, sie schmeckt heiß oder kalt. Servieren Sie dazu einen herzhaften gemischten Blattsalat.

ZUTATEN

Für 4–6 Portionen

450 g Brokkoli, in Röschen geteilt
225 g gekochte Esskastanien, grob gehackt
50 g frische Vollkorn-Semmelbrösel
4 EL Naturjogurt
2 EL fein geriebener Parmesan
2 Eier, verquirlt
1 Prise geriebene Muskatnuss
Salz, schwarzer Pfeffer aus der Mühle
neue Kartoffeln zum Servieren

Für Salat und Dressing

4 EL Olivenöl
1 EL Zitronensaft
1 TL Ahornsirup
Salz, schwarzer Pfeffer aus der Mühle
1 EL gehackter Thymian oder Dill
250 g gemischte Blattsalate

1 Ofen auf 180 Grad (Gasherd: Stufe 4) vorheizen. Eine beschichtete Kastenform mit Backpapier auslegen.

2 Brokkoli 4 Minuten bissfest blanchieren oder dämpfen. Gut abtropfen lassen. Bis auf einige der kleinsten Röschen fein hacken.

3 Kastanien, Semmelbrösel, Jogurt und Parmesan mischen. Mit Salz, Pfeffer und Muskat abschmecken.

4 Nacheinander gehackten Brokkoli, ganze Röschen und verquirlte Eier unterheben.

5 Brokkolimischung mit einem Löffel in die Form füllen.

6 Auf eine Fettpfanne setzen und so viel Wasser angießen, dass die Form zur Hälfte im Wasser steht. 20–25 Minuten backen.

7 In der Zwischenzeit für das Dressing Öl, Zitronensaft und Sirup kräftig verquirlen. Mit Salz und Pfeffer würzen. Thymian oder Dill unterrühren. Salate auf einer Platte anrichten, das Dressing darübergießen.

8 Fettpfanne aus dem Ofen holen. Terrine stürzen. In gleichmäßige Scheiben schneiden, mit Kartoffeln und Salat servieren.

Soufflé mit Ziegenkäse

Wenn Sie das Soufflé aus dem Ofen holen, sollten alle schon am Tisch sitzen, denn die Pracht hält sich meist nicht lange. Probieren Sie das Rezept auch mit kräftigem Blauschimelkäse wie Roquefort.

ZUTATEN

Für 4–6 Portionen

- 3 EL Butter
- 25 g Mehl
- 175 ml Milch
- 1 Lorbeerblatt
- geriebene Muskatnuss
- geriebener Parmesankäse zum Bestreuen
- 40 g Knoblauch-Kräuter-Quark
- 150 g fester Ziegenkäse, gewürfelt
- 6 Eiweiß (nicht gekühlt)
- Salz, schwarzer Pfeffer aus der Mühle

1 In einem schwerem Topf bei mittlerer Hitze 2 EL Butter schmelzen. Mehl einrühren und goldbraun anschwitzen.

2 Die Hälfte der Milch unter Rühren zugeben, glattrühren. Restliche Milch einrühren, Lorbeer zugeben. Mit wenig Salz, reichlich Pfeffer und Muskat würzen. Herd herunterschalten und zugedeckt 5 Minuten köcheln. Dabei gelegentlich umrühren.

3 Backofen auf 190 Grad (Gasherd: Stufe 5) vorheizen. Eine Souffléform (1,5 Liter Inhalt) großzügig buttern, mit Parmesan ausstreuen.

4 Soße vom Herd nehmen, Lorbeerblatt entfernen. Beide Käsesorten einrühren.

5 Eiweiß in eine saubere und fettfreie Rührschüssel geben und mit dem Handmixer oder einem großen Rührbesen halb steif schlagen. Eventuell eine Prise Salz zugeben. Mixer eine Stufe hochschalten und weiterschlagen, bis der Eischnee zuerst weiche, dann sehr feste Nocken bildet.

6 Zuerst einen Löffel Eischnee unter die Käsesoße heben, dann die komplette Käsesoße auf den restlichen Eischnee füllen. Mit einem großen Löffel vorsichtig unterheben, bis beides gut vermischt ist.

7 Soufflémischung in die vorbereitete Form füllen und 25–30 Minuten goldbraun und luftig aufbacken. Sofort servieren.

Sellerie-Rolle mit Gorgonzola

Sieht gut aus – und schmeckt noch besser, dank Sellerie und Käse.

ZUTATEN

Für 6 Portionen

1 EL Butter
225 g gedünsteter Spinat, abgetropft und gehackt
150 ml Sahne
4 große Eier, getrennt
1 EL geriebener Parmesankäse
geriebene Muskatnuss
Salz, schwarzer Pfeffer aus der Mühle

Für die Füllung

225 g Knollensellerie
Zitronensaft
75 g Gorgonzola
115 g Frischkäse

1 Ofen auf 200 Grad (Gasherd: Stufe 6) vorheizen. Ein flaches, rechteckiges Blech (33 x 23 cm) mit Backpapier auslegen.

2 Butter in einem Topf schmelzen, Spinat zugeben, abdampfen lassen. Vom Herd nehmen, dann Sahne, Eigelb und Parmesan unterrühren. Mit Salz, Pfeffer und Muskat würzen.

3 Eiweiß sehr steif schlagen und vorsichtig unter die Spinatmischung heben. Auf das vorbereitete Backblech füllen. Gleichmäßig verteilen, mit dem Teigschaber glattstreichen.

4 Etwa 10–15 Minuten backen, bis sich die Spinatmasse fest anfühlt. Auf ein festes Butterbrotpapier stürzen und das Backpapier entfernen. Spinatteig mit Hilfe des Butterbrotpapiers aufrollen, etwas abkühlen lassen.

5 Für die Füllung Sellerie schälen, in eine Schüssel raspeln. Mit Zitronensaft beträufeln. Gorgonzola und Frischkäse mischen, zum Sellerie geben und unterrühren. Mit Pfeffer würzen.

6 Spinatplatte entrollen. Füllung darauf verteilen. Diesmal ohne das Papier wieder aufrollen. In Scheiben schneiden und sofort servieren oder kühlen.

Soufflé mit Spinat und Pilzen

Pilze, Spinat und Ei sind ohnehin eine köstliche Kombination. Hier werden sie zu einem sensationellen Soufflé verarbeitet. Sie können jede Pilzsorte verwenden. Die festeren Sorten liefern aber bei diesem Soufflé das beste Resultat.

ZUTATEN

Für 4 Portionen

225 g frischer Spinat, gewaschen oder 115 g TK-Spinat, gehackt
4 EL ungesalzene Butter und etwas mehr zum Fetten
1 Knoblauchzehe, durchgepresst
175 g gemischte Pilze wie Steinpilze, Maronenröhrlinge, Pfifferlinge, Wiesenchampignons, Austernpilze
200 ml Milch
3 EL Mehl
6 Eier, getrennt
1 Prise geriebene Muskatnuss
25 g geriebener Parmesankäse
Salz, schwarzer Pfeffer aus der Mühle

1 Ofen auf 190 Grad (Gasherd: Stufe 5) vorheizen. Spinat bei mittlerer Hitze 3–4 Minuten dämpfen. Mit kaltem Wasser abkühlen, abtropfen lassen. Mit einem Löffelrücken so viel Flüssigkeit wie möglich herausstreichen. Spinat fein hacken. TK-Spinat nach Packungsanleitung vorbereiten. Ebenso ausdrücken.

2 Butter in einem Topf erhitzen, Knoblauch und Pilze darin bei schwacher Hitze weichdünsten. Bei höherer Temperatur Flüssigkeit verkochen lassen. Dann den Spinat zugeben. Mischung in eine Schüssel füllen und abdecken.

3 Von der Milch 3 EL abmessen, in eine Schale füllen. Rest zum Kochen bringen. Mehl und Eigelb zur kalten Milch geben und gut verrühren. Dann die kochende Milch zugeben. Alles wieder in den Topf geben und dicklich einkochen. Spinat-Pilz-Mischung zugeben. Mit Salz, Pfeffer und Muskat würzen.

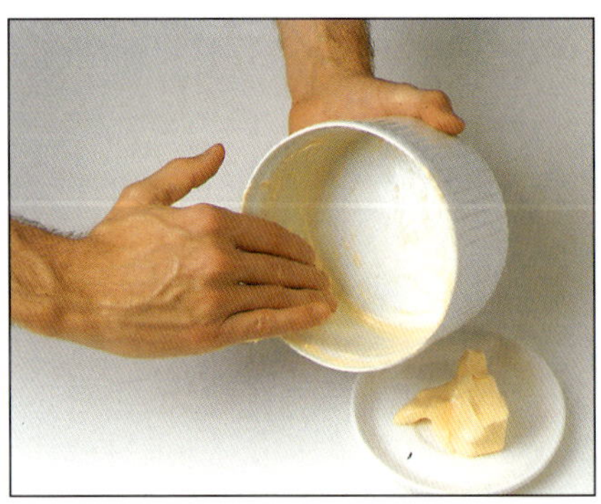

4 Eine Souffléform (900 ml Inhalt) sorgfältig ausbuttern. Seitenwände besonders gründlich fetten. Mit etwas Parmesan ausstreuen, beiseite stellen.

5 Eiweiß steif schlagen. Spinatmischung nochmals aufkochen. Einen Löffel voll Eiweiß unter den Spinat rühren. Dann den gesamten Spinat unter das Eiweiß heben.

6 Mischung in die Souffléform füllen, glattstreichen und mit dem restlichen Käse bestreuen. Etwa 25 Minuten backen, bis das Soufflé luftig aufgegangen und goldbraun ist. Sofort servieren, bevor es zusammenfallen kann.

PROFI-TIPP

Die Soufflémasse können Sie bis zu 12 Stunden vorher zubereiten. Wieder erhitzen, bevor der Eischnee untergezogen wird.

Süßkartoffel-Roulade

Süßkartoffel liefert eine gute Basis für diese Gemüseroulade. In dünne Scheiben geschnitten sieht sie besonders hübsch aus.

ZUTATEN

Für 6 Portionen

225 g fettarmer Frischkäse
75 ml Naturjogurt
6–8 Frühlingszwiebeln, fein gehackt
2 EL Paranüsse, gehackt, geröstet
450 g Süßkartoffeln, geschält und in Würfel geschnitten
12 Pimentkörner, zerstoßen
4 Eier, getrennt
50 g fein geriebener Edamer
1 EL Sesamsamen
Salz, schwarzer Pfeffer aus der Mühle
grüner Salat zum Servieren

1 Ofen auf 200 Grad (Gasherd: Stufe 6) vorheizen. Ein flaches, rechteckiges Blech (33 x 25 cm) fetten und mit Backpapier auslegen. Ecken mit einer Schere zurechtschneiden.

PROFI-TIPP

Am hübschesten sehen die orangefarbenen Süßkartoffelsorten aus.

2 In einer kleinen Schale Frischkäse, Jogurt, Frühlingszwiebeln und Nüsse mischen.

3 Süßkartoffeln gar kochen oder dämpfen. Gut abtropfen lassen. Mit dem zerstoßenen Piment pürieren. In eine Schüssel füllen, Eigelb und Edamer unterrühren. Mit Salz und Pfeffer würzen.

4 Eiweiß steif, aber nicht zu steif schlagen. Zuerst nur einen Teil unter die Süßkartoffeln heben, um die Masse aufzulockern, dann den Rest ebenfalls zufügen.

5 Auf das vorbereitete Blech geben. Gut in die Ecken verstreichen. Mit einem Palettenmesser glätten und 10–15 Minuten backen.

6 Ein Stück Butterbrotpapier auf ein Küchenhandtuch legen, mit Sesam bestreuen. Wenn die Roulade gar ist, auf das Papier gleiten lassen, zusammenrollen und abkühlen lassen. Vorsichtig wieder aufrollen, Käsefüllung darauf verteilen und wieder zusammenrollen. In Scheiben schneiden und mit Salat servieren.

Spargel-Ricotta-Tarte

Verschiedene Käsesorten und frischer Spargel verleihen der Tarte ihr interessantes Aroma.

ZUTATEN

Für 4 Portionen

6 EL Butter
175 g Mehl
1 Prise Salz

Für die Füllung

225 g grüner Spargel
2 Eier, verquirlt
225 g Ricottakäse
2 EL griechischer Jogurt
40 g geriebener Parmesan
Salz, schwarzer Pfeffer aus der Mühle

1 Ofen auf 200 Grad (Gasherd: Stufe 6) vorheizen. Butterflocken mit Mehl und Salz mischen. Mit Wasser zu einem weichen Teig verarbeiten, auf bemehlter Fläche durchkneten.

2 Teig ausrollen, eine Tarteform (23 cm Durchmesser) damit auslegen. Gut andrücken, mit einer Gabel mehrmals einstechen. 10 Minuten backen, so dass der Teig fest, aber noch hell ist. Herausnehmen. Temperatur auf 180 Grad (Stufe 4) zurückschalten.

3 Spargel putzen, Enden abschneiden. Spitzen 5 cm lang abschneiden. Stangen in 2,5 cm lange Stücke schneiden.

4 Enden in kochendem Wasser blanchieren, herausnehmen. Dann die Spitzen blanchieren.

5 Eier, Ricotta, Jogurt und Parmesan verquirlen. Würzen, Spargelstangen unterrühren und in die Form füllen. Spitzen obenauf legen. 35–40 Minuten goldbraun backen. Kalt oder warm essen.

Spargel mit Estragon-Hollandaise

Nutzen Sie die Spargelsaison, wenn die zarten Stangen knackig frisch sind, um dieses Gericht bei einem Essen mit Freunden zu servieren. In der Küchenmaschine ist die Hollandaise ruckzuck fertig und gelingt garantiert.

ZUTATEN

Für 4 Portionen

500 g grüner Spargel

Für die Hollandaise

2 Eigelb
1 EL Zitronensaft
8 EL Butter
1 EL fein gehackter frischer Estragon
Salz, schwarzer Pfeffer aus der Mühle

1 Spargel putzen, Enden abschneiden (Schälen ist nicht nötig). Auf dem Dämpfeinsatz eines großen Topfes im Wasserdampf garen oder mit wenig Flüssigkeit 6–8 Minuten bissfest garen. Nach Belieben etwas Butter zum Spargelwasser geben.

2 Für die Hollandaise Eigelb und Zitronensaft in einen Blender oder eine Küchenmaschine geben. Mit Salz und Pfeffer würzen und kurz durchmixen. Die Butter in einem kleinen Topf erhitzen, bis sie schäumt. Dann bei eingeschaltetem Gerät in einem dünnen, gleichmäßigen Strahl zur Ei-Zitronen-Mischung gießen.

3 Wünschen Sie eine grünliche Soße, Estragon mitmixen. Soll sie gelb bleiben, das Kraut mit der Hand unterrühren.

4 Spargel portionsweise auf kleinen Platten anrichten, mit etwas Soße begießen und mit Pfeffer bestreuen. Restliche Soße in einer Sauciere dazureichen.

Gemüse-Pasteten mit Pernod-Soße

Der Anisschnaps passt perfekt zum zarten Frühlingsgemüse. Das Ganze in knusprigen Teig verpackt versetzt Ihre Gäste bestimmt in höchstes Entzücken.

ZUTATEN

Für 4 Portionen

225 g Blätterteig (tiefgekühlten auftauen lassen)
1 EL frisch geriebener Parmesankäse
1 EL gehackte frische Petersilie
1 verquirltes Ei zum Bestreichen
175 g gepalte Bohnenkerne
115 g junge Bundmöhren, geschält
4 zarte Lauchstangen, geputzt
75 g Erbsen (tiefgekühlte auftauen lassen)
50 g Zuckerschoten, geputzt
Salz, schwarzer Pfeffer aus der Mühle
frischer Dill zum Garnieren

Für die Soße

200 g Dosentomaten, gehackt
2 EL Butter
1 EL Mehl
1 Prise Zucker
3 EL frischer, gehackter Dill
300 ml Wasser
1 EL Pernod

1 Ofen auf 220 Grad (Gasherd: Stufe 7) vorheizen. Ein Backblech leicht fetten.

2 Den Teig sehr dünn ausrollen. Geriebenen Käse und die Petersilie auf die Teigblätter streuen. Zusammenfalten und nochmals ausrollen, so dass die Zutaten in den Teig eingearbeitet sind. In vier 7,5 x 10 cm große Rechtecke schneiden.

3 Rechtecke auf ein Backblech heben. Mit einem scharfen Messer ein inneres Rechteck (etwa 1 cm vom Rand enfernt) einritzen (wenn der Teig gebacken ist, wird der so entstehende Deckel entfernt). Inneres Rechteck mehrfach kreuzweise einritzen. Teig mit Ei bepinseln und 12–15 Minuten goldbraun backen.

4 Für die Soße die Tomaten durch ein Sieb in einen Topf streichen. Restliche Zutaten zufügen und aufkochen. Bei schwacher Hitze weiterköcheln, bis die Soße benötigt wird. Mit Salz und Pfeffer abschmecken.

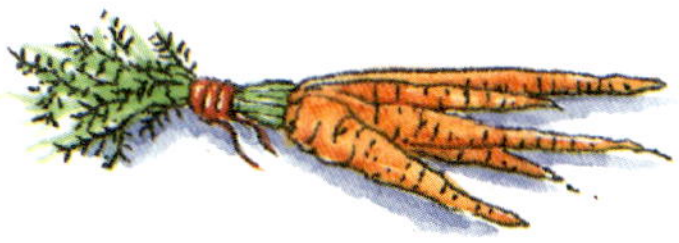

5 Bohnenkerne in einem Topf mit leicht gesalzenem Wasser 8 Minuten garen. Möhren, Lauch und Erbsen zugeben, für weitere 6 Minuten garen. Zuckerschoten für 1 weitere Minute mitkochen. Dann das Gemüse sorgfältig abtropfen lassen.

6 Mit einem Messer Deckel der gebackenen Pasteten entfernen und beiseite legen. Mit Gemüse füllen, mit Soße übergießen, Teigdeckel wieder aufsetzen und die Pasteten mit Dill garniert servieren.

PROFI-TIPP

Wenn Sie genügend Zeit haben, kühlen Sie die Pasteten vor dem Backen 20 Minuten.

Indisches Gemüse-Curry

Eine indisch anmutende Spezialität, bei der verschiedene frische Gemüsesorten in einer pikanten Jogurtsoße gekocht werden.

ZUTATEN

Für 4 Portionen

2 TL Kümmelsamen
8 schwarze Pfefferkörner
Kardamomsamen aus 2 grünen Schoten
5 cm Zimtstange
1 Messerspitze geriebene Muskatnuss
3 EL Öl
1 frische grüne Chilischote, gehackt
1 walnussgroßes Stück Ingwer, geschält und fein gehackt
1 TL Chilipulver
1/2 TL Salz
2 große Kartoffeln, in Stücke geschnitten
225 g Blumenkohl, in Röschen geteilt
225 g Okraschoten, in Stücke gschnitten
150 ml Naturjogurt
150 ml Gemüsebrühe
geröstete Mandelblättchen und frischer Koriander zum Garnieren

1 Kümmel, Pfefferkörner, Kardamomsamen, Zimt und Muskat im Blender oder mit Mörser und Stößel zu einem feinen Pulver verarbeiten.

2 Öl in einem großen Topf erhitzen, Chili und Ingwer darin unter Rühren anbraten.

3 Chilipulver, Salz und die Gewürzmischung zugeben, unter ständigem Rühren anschwitzen, damit sie nicht anbrennt.

4 Kartoffeln zugeben, zugedeckt bei schwacher Hitze 10 Minuten garen. Ab und zu rühren.

5 Blumenkohl und Okraschoten zugeben, 5 Minuten garen.

6 Jogurt und Brühe zugießen. Aufkochen, dann die Hitze reduzieren. Zugedeckt ca. 20 Minuten köcheln, bis das Gemüse gar ist. Mit gerösteten Mandeln und Korianderstielen garnieren.

PROFI-TIPP

Praktisch alle Gemüsesorten können auf diese Art zubereitet werden. Wählen Sie verschiedene Farben und Konsistenzen aus.

Feiner Gemüsekuchen

Einer der heißesten Anwärter für ein neues Lieblingsgericht!

ZUTATEN

Für 6–8 Portionen

225 g Lauch
165 g Butter
225 g Möhren, gewürfelt
225 g Pilze, blättrig geschnitten
225 g Rosenkohl, geviertelt
2 Knoblauchzehen, durchgepresst
115 g Doppelrahm-Frischkäse
115 g Roquefort oder Stilton
150 ml Crème fraîche
2 Eier, verquirlt
225 g Kochäpfel
225 g Cashew- oder Pinienkerne, geröstet
350 g tiefgefrorener Blätterteig, aufgetaut
Salz, schwarzer Pfeffer aus der Mühle

1 Ofen auf 180 Grad (Gasherd: Stufe 4) vorheizen. Die Lauchstangen der Länge nach halbieren. Gründlich auch zwischen den Lagen waschen, dann in 1 cm lange Stücke schneiden, abtropfen lassen und auf Küchenpapier trocknen.

2 Von der Butter 3 EL in einem großen Topf erhitzen, Lauch und Möhren darin bei mittlerer Hitze 5 Minuten dünsten. Pilze, Rosenkohl und Knoblauch zugeben, 2 Minuten dünsten. Gemüse in eine Schüssel füllen und abkühlen lassen.

3 Frischkäse, Blauschimmelkäse, Sahne und Eier in einer Schale verquirlen. Mit Salz und Pfeffer würzen. Über das Gemüse gießen.

4 Äpfel schälen, Gehäuse entfernen, Fruchtfleisch würfeln. Mit Cashew- oder Pinienkernen zum Gemüse geben.

5 Restliche Butter in einer Pfanne schmelzen. Eine Springform (Durchmesser: 23 cm) mit Butter auspinseln. Blätterteig sehr dünn ausrollen. Springform mit Teig auslegen, so dass die Ränder weit überlappen und keine Lücken enstehen. Teig leicht mit Butter bepinseln.

6 Gemüsefüllung in die Form geben und die Teigränder umklappen, so dass das Gemüse bedeckt ist.

7 Restlichen Teig mit Butter bepinseln und in lange, dünne Streifen schneiden. Teigstreifen auf dem Kuchen arrangieren, dabei einen kleinen Hügel bilden.

8 Etwa 35–40 Minuten backen, bis der Teig goldbraun und knusprig ist. Gemüsekuchen 5 Minuten stehen und abkühlen lassen. Dann vorsichtig die Springform entfernen, Kuchen auf einer Platte servieren.

PROFI-TIPP

Damit die Teigkruste noch knuspriger wird, vor dem Backen mit Eigelb bestreichen.

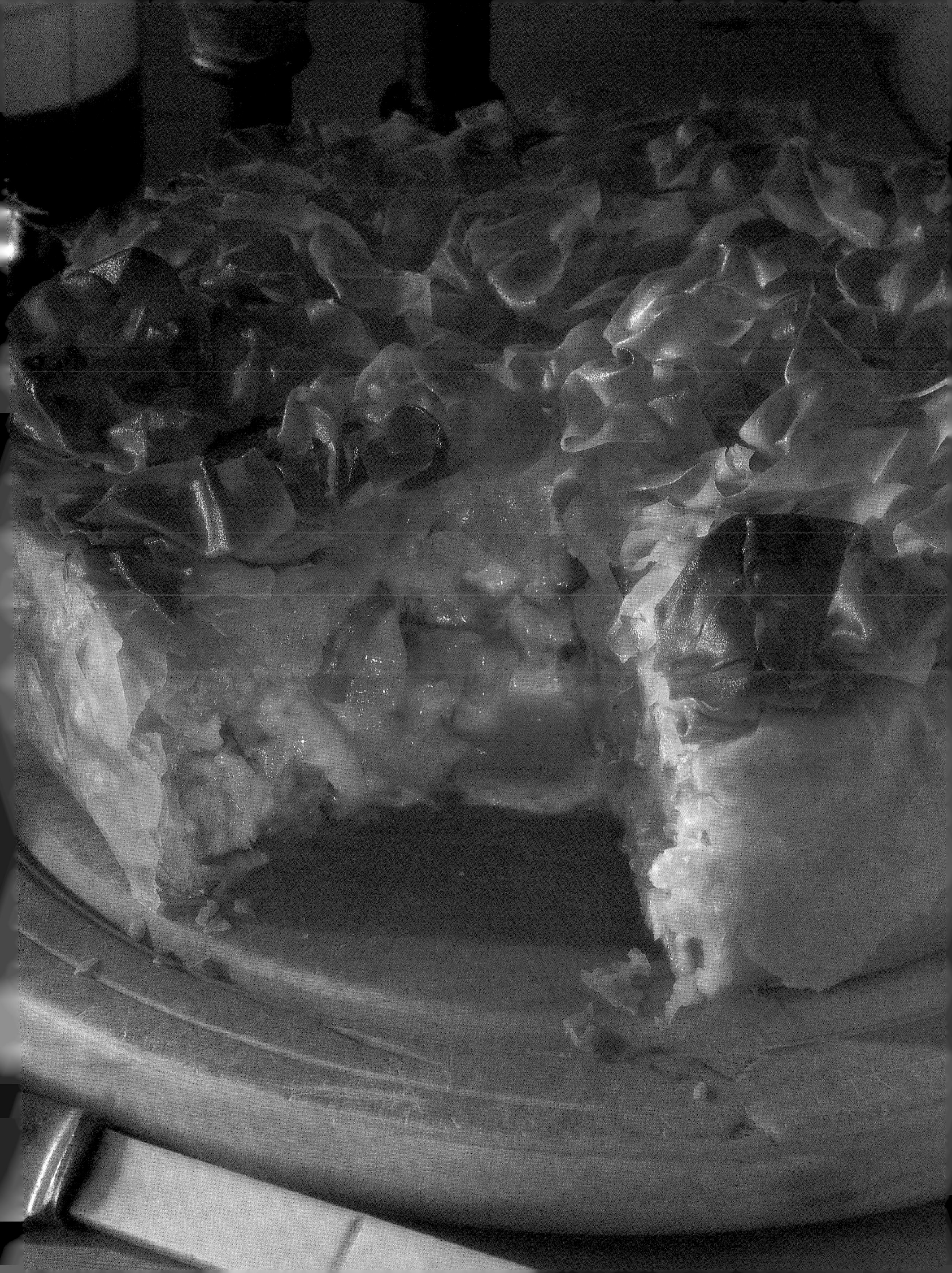

Blumenkohl-Pilz-Ring

Dieser luftig-goldbraune Teigring, mit knackigem Gemüse gefüllt, ist ein tolles Essen für Gäste. Servieren Sie es frisch aus dem Ofen.

ZUTATEN

Für 4–6 Portionen

8 EL Butter
150 g Mehl
4 Eier
115 g Gruyère oder Cheddar, in feine Würfel geschnitten
1 TL Dijonsenf
Salz, schwarzer Pfeffer aus der Mühle

Für die Füllung

1 kleiner Kopf Blumenkohl
200 g Dosentomaten
1 EL Sonnenblumenöl
1 EL Butter
1 Zwiebel, gehackt
115 g Champignons, größere halbiert
frischer Thymian

1 Ofen auf 200 Grad (Gasherd: Stufe 6) vorheizen. Eine große feuerfeste Form buttern. 300 ml Wasser und die Butter in einem großen Topf erhitzen, bis die Butter schmilzt. Vom Herd nehmen, gesamtes Mehl auf einmal zugeben. Mit einem Holzlöffel kräftig durchrühren, bis der Teig geschmeidig ist. Abkühlen lassen.

2 Eier nacheinander zugeben, dabei weiterrühren, bis der Teig dick und glänzend ist. Käse und Senf unterrühren. Mit Salz und Pfeffer würzen. Mischung an die Ränder der feuerfesten Form verteilen, dabei innen eine Höhlung zum Füllen freilassen.

3 Blumenkohl in kleine Röschen teilen, holzige und harte Strünke entfernen.

4 Für die Füllung die Dosentomaten im Blender oder in der Küchenmaschine pürieren und in einen Meßbecher füllen. Mit Wasser auf 300 ml auffüllen.

5 Öl und Butter in einer Pfanne erhitzen. Zwiebel darin 3–4 Minuten anbraten, dann Pilze für 2–3 Minuten und Blumenkohl für 1 Minute mitbraten. Tomatenpüree und Thymian zugeben. Würzen und bei schwacher Hitze 5 Minuten köcheln.

6 In die Teighöhlung füllen und etwa 40 Minuten backen, bis der Teig aufgegangen ist.

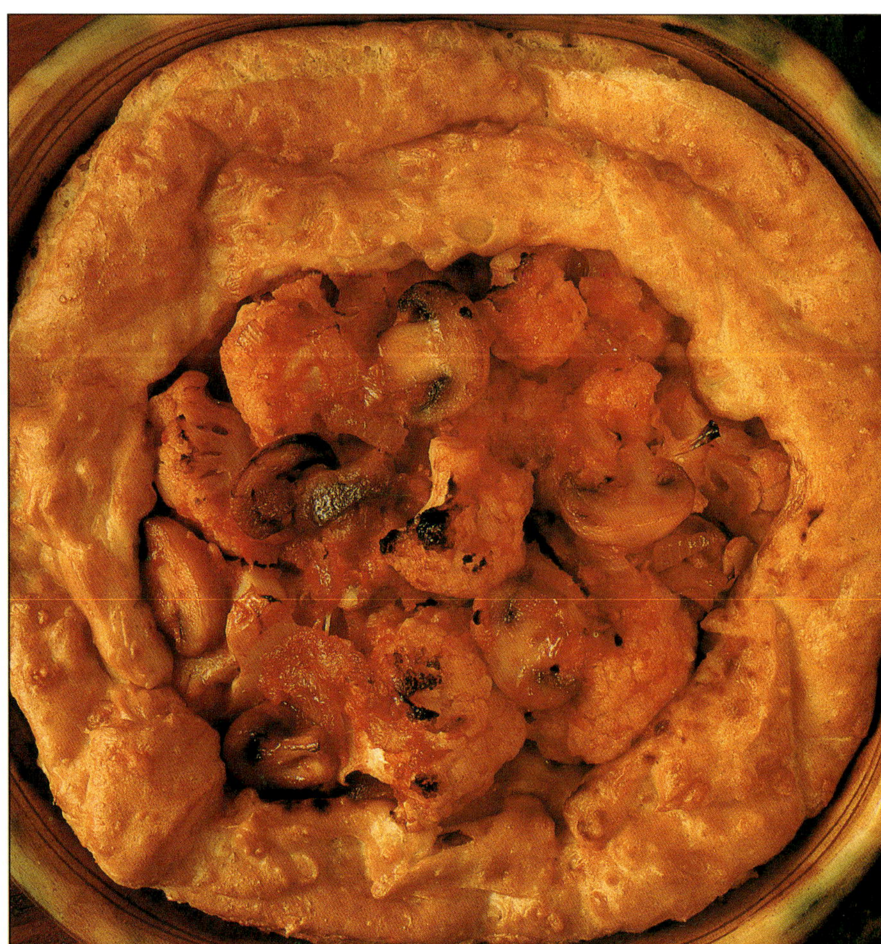

Kartoffelgratin mit Spinat

Pinienkerne sorgen für eine nussige Note bei diesem Gratin aus hauchdünn geschnittenen Kartoffeln und Spinat in cremiger Käsesoße. Dazu schmeckt frischer Salat.

ZUTATEN

Für 2 Portionen

450 g Kartoffeln
1 Knoblauchzehe, durchgepresst
3 Frühlingszwiebeln in feinen Ringen
150 ml Sahne
250 ml Milch
225 g TK-Spinat, aufgetaut und gehackt
115 g geriebener Gouda
40 g Pinienkerne
Salz, schwarzer Pfeffer aus der Mühle
Kopfsalat mit Tomate zum Servieren

1 Kartoffeln schälen und in hauchdünne Scheiben schneiden. Fächerförmig in einer beschichteten Pfanne anordnen.

2 Knoblauch und Frühlingszwiebeln gleichmäßig auf den Kartoffeln verteilen.

3 Sahne und Milch über die Kartoffeln gießen. Bei schwacher Hitze die Kartoffeln zugedeckt ca. 8 Minuten in der Pfanne garen.

4 Mit beiden Händen den Spinat ausdrücken. Zu den Kartoffeln geben und leicht vermischen. Zugedeckt 2 Minuten weitergaren.

5 Mit Salz und Pfeffer würzen. Mischung in eine feuerfeste, flache Auflaufform füllen. Grill vorheizen.

6 Spinatmischung mit geriebenem Käse und Pinienkernen bestreuen. Unter dem heißen Grill 2–3 Minuten bräunen. Mit Kopfsalat und Tomaten servieren.

Muschelnudeln mit Spinat und Ricotta

Die großen Muschelnudeln sind ideal zum Füllen. Und kaum eine andere Füllung ist geeigneter als diese aus Spinat und mildem Ricotta-Käse.

ZUTATEN

Für 4 Portionen

350 g große Muschelnudeln
450 ml passierte Tomaten aus der Dose oder Tetra-Pak
275 g TK-Spinat, aufgetaut und gehackt
50 g zerkrümeltes, entrindetes Weißbrot
120 ml Milch
4 EL Olivenöl
250 g Ricotta (italienischer Frischkäse)
1 Prise geriebene Muskatnuss
1 Knoblauchzehe, durchgepresst
1/2 TL Olivenpaste (nach Belieben)
25 g frisch geriebener Parmesankäse
2 EL Pinienkerne
Salz, schwarzer Pfeffer aus der Mühle

1 Ofen auf 180 Grad (Gasherd: Stufe 4) vorheizen. Reichlich Salzwasser in einem großen Topf zum Kochen bringen. Nudeln nach Packungsanweisung bissfest garen. Mit kaltem Wasser abschrecken, abtropfen lassen und für später beiseite stellen.

2 Passierte Tomaten durch ein Sieb in eine Schüssel streichen. Dann den Spinat in ein Sieb geben und mit einem Löffelrücken möglichst viel Flüssigkeit herausstreichen.

3 Brot, Milch und 3 EL Öl in eine Küchenmaschine geben und mixen. Spinat und Ricotta zugeben. Mit Salz, Pfeffer und Muskat würzen. Kurz durchmixen, damit sich die Zutaten vermischen.

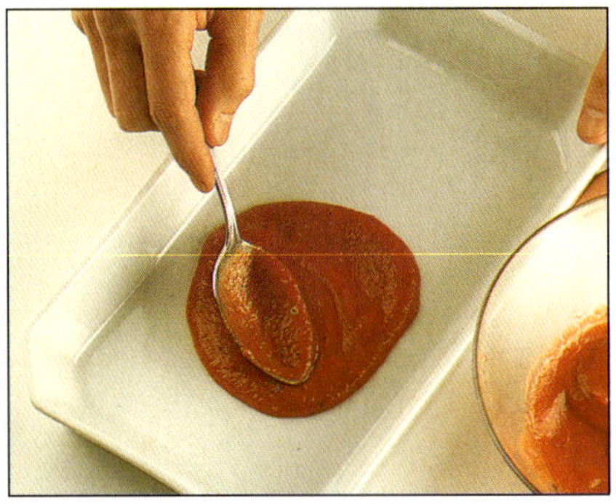

4 Tomatensoße, Knoblauch, restliches Öl und nach Belieben Olivenpaste mischen. Mischung gleichmäßig in einer feuerfesten Auflaufform verteilen.

5 Spinatmasse in einen Spritzbeutel mit großer Tülle füllen und die Muschelnudeln damit ausspritzen. Alternativ mit einem kleinen Löffel füllen. Auf die Soße in die Form setzen.

6 Im Ofen 15 Minuten durcherhitzen. Grill vorheizen (mittlere Hitze). Auflauf mit Käse und Pinienkernen bestreuen und unter dem Grill fertigbacken, bis der Käse gebräunt ist.

PROFI-TIPP

Wichtig, damit die Nudeln nicht aneinanderkleben, ist ein großer Topf und reichlich Wasser. Statt passierter Tomaten können Sie auch gehäuteteTomaten hacken, durchsieben und pürieren.

Danksagungen

Der Verlag möchte den folgenden Personen für ihre Beiträge zu diesem Buch danken:

VERFASSER DER REZEPTE

Michelle Berridale-Johnson, Angela Boggiano, Carla Capalbo, Jacqueline Clark, Carole Clements, Matthew Drennan, Sarah Edmonds, Joanna Farrow, Christine France, Silvana Franco, Sarah Gates, Shirley Gill, Shehzaid Husain, Christine Ingram, Peter Jordan, Manisha Kanani, Elizabeth Lambert Ortiz, Ruby Le Bois, Lesley Mackley, Sue Maggs, Sallie Morris, Annie Nichols, Anne Sheasby, Stephen Wheeler, Kate Whiteman, Elizabeth Wolf-Cohen, Jenni Wright.

FOTOGRAFEN

Karl Adamson, William Adams-Lingwood, Edward Allwright, Steve Baxter, James Duncan, Michelle Garrett, Amanda Heywood, Janine Hosegood, David Jordan, Patrick McLeavey, Thomas Odulate, Peter Reilly.

ARRANGEMENTS DER GERICHTE

Madeleine Brehaut, Michelle Garrett, Amanda Heywood, Clare Hunt, Marian Price, Kirsty Rawlings, Judy Williams.

HAUSWIRTSCHAFTLICHES

Hilary Guy, Jane Hartshorn, Wendy Lee, Lucy McKelvie, Jane Stevenson, Stephen Wheeler.